Karl Bauer

MUSIK

Rock - Pop - Jazz - Musical

umweltfreundlich
auf chlorfreiem Papier

ISBN 3-89291-808-2

Inhalt

Jazz

Spiritual und Gospelsong
Blues
Ragtime
New-Orleans-Jazz
Swing
Geschichte des Jazz

Name: Klasse: Datum:

Spiritual und Gospelsong

Die Geburt des Jazz

Wenige Jahre nach der Entdeckung Amerikas (1492) begann der Sklavenhandel. Drei Jahrhunderte lang wurden in Afrika die Menschen gefangen und angekettet wie Vieh über den Atlantik transportiert. Auf den westindischen Inseln, in den Südstaaten von Nordamerika und in Brasilien wurden sie als Sklaven verkauft. Es war die Zeit, in der die einheimische indianische Bevölkerung durch Verfolgung, Krankheit, Hunger und Zwangsarbeit bereits stark von den eingewanderten Europäern vermindert worden war. Für die Ausbeutung der Bodenschätze und die Nutzung der landwirtschaftlichen Anbauflächen benötigte man Arbeitskräfte in großem Maß: So begannen die europäischen Kolonialmächte, vor allem England, Spanien, Portugal, Frankreich und Holland, mit dem größten und grausamsten Sklavenhandel der Geschichte.

Sklaventransport von Afrika in die Vereinigten Staaten (1835). Fast die Hälfte der eingefangenen Schwarzen starb regelmäßig auf der Überfahrt - der Gewinn stimmte dennoch.

Rund vierzehn Millionen Schwarze sind auf diese Weise in die Neue Welt verschifft worden. Die Überfahrt dauerte in der Regel vier Monate und bedeutete für die in engsten Lagerräumen angeketteten Sklaven die Hölle. Nach der Ankunft in Amerika wurden sie auf Auktionen an die weißen Käufer versteigert. Von nun an mussten sie auf den Zucker-, Baumwoll- oder Tabakplantagen ihrer weißen Herren arbeiten.

In dieser Zeit entwickelte sich das "Goldene Dreieck": Ein Handelsdreieck zwischen Europa, Afrika und Amerika.

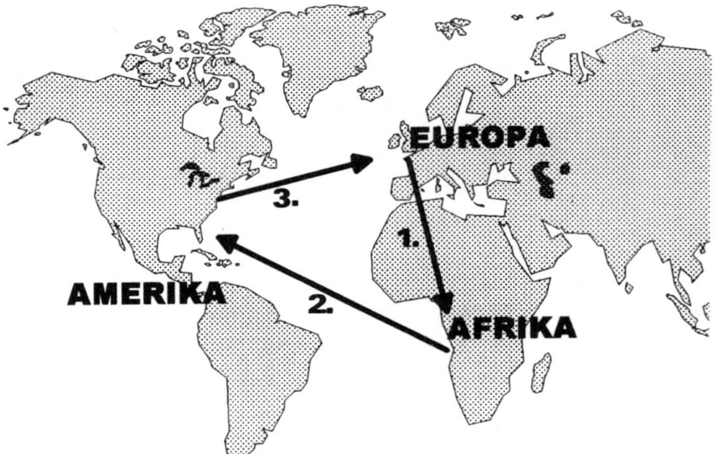

1. Tauschwaren für die Sklavenhändler kamen von Europa nach Afrika (Kupfer- und Eisenwaren, Glasperlen, Waffen, Schnaps).

2. Schwarze Sklaven werden nach Amerika verschifft.

3. Transport der Kolonialwaren (Zucker, Baumwolle, Tabak) von Amerika nach Europa.

Name: Klasse: Datum:

Spiritual und Gospelsong

Die Geburt des Jazz

Den schwarzen Sklaven, die auf den Pflanzungen ihrer weißen Herren arbeiteten, war es erlaubt, während der Arbeit zu singen, weil zum Rhythmus eines Liedes die Arbeit leichter und schneller von der Hand ging. Der Rhythmus dieser Musik war eng verbunden mit dem Rhythmus der Arbeit und die Texte bezogen sich meist unmittelbar auf diese Arbeit. Man nannte diese Lieder:

Worksongs (Arbeitslieder)

"Wenn die Bäume gefällt werden", sagt ein Sklave zum andern, "musst du singen. Ohne Gesang ist das Buschmesser stumpf."

Ein farbiger Baumwollpflücker erzählt: "Ich habe meist 150 Pfund Baumwolle jeden Tag gepflückt. Wir haben Baumwolle gepflückt und gesungen, und gepflückt und gesungen, jeden Tag."

Während der Missionierung der Schwarzen durch die amerikanischen Siedler entstand das geistliche Volkslied, das **Spiritual** (engl.= geistlich). Die biblischen Erzählungen und der Leidensweg Christi wurden von der schwarzen Bevölkerung im Spiritual als Sehnsucht nach der Befreiung aus ihrem Sklavendasein und damit als Hoffnung auf ein besseres Jenseits gedeutet.
Die Texte der Spirituals handeln von den Sorgen und Hoffnungen der Neger, besonders von dem schweren Schicksal, in der Sklaverei leben zu müssen. Da die Schwarzen sich gerne in einer bilderreichen Sprache ausdrücken, benutzen sie häufig die Bilder aus den Geschichten des Alten Testaments, in denen von der Gefangenschaft und von der Befreiung des Volkes Israel berichtet wird, um von ihrer eigenen Knechtschaft und ihrer Hoffnung auf ein schöneres Leben in Freiheit zu singen.

In dem Spiritual 'Swing low, sweet chariot" tauchen die Begriffe **'home'** und **'Jordan'** auf. Sie haben verschiedene Bedeutung, je nachdem, ob man sie auf die Israeliten oder auf die Sklaven bezieht:

home

Israeliten	Sklaven
Palästina	*Afrika* *Nordstaaten* *Himmel*

Jordan

Israeliten	Sklaven
Jordan *(Fluss, der das Volk Israel von der Heimat trennt)*	*Atlantik* *Ohio* *Tod*

Eine sprachliche Verständigung war zwischen den Weißen und Schwarzen nicht möglich. So blieb den Negern nichts anderes übrig, als ihren Herren die Laute vom Munde abzulesen, um ihre Sprache zu erlernen. Da vor allem im südlichen Teil der Vereinigten Staaten Einwanderer und Nachfahren von Eroberern lebten, die Englisch, Französisch oder Spanisch sprachen, entstand ein Gemisch aus diesen drei Sprachen.

Typische Zeichen dieser "Negersprache" sind:

- *Fortfall vieler Endlaute (d, g, m, n, t, y),*
- *Verwandlung des th in d (the zu de),*
- *Wegfall von Konsonanten zur Erreichung einer weichen Aussprache (children = chillen),*
- *Abschleifung ganzer Wörter (poor = po' oder horses = hosses)*

Name: Klasse: Datum:

Spiritual und Gospelsong

Die Geburt des Jazz

In den Gottesdiensten, die unter freiem Himmel, in irgendeiner Lagerhalle oder an versteckten Plätzen gehalten wurden, fanden sich die Schwarzen zusammen und feierten die Gottesverehrung auf ihre Weise: laut betend, leidenschaftlich singend und tanzend. Das Erbe ihrer afrikanischen Heimat wurde sichtbar: was einer vorsang, wurde von allen nachgesungen, abgewandelt oder durch den Einwurf eines anderen beantwortet. Diese Art des *Vor- und Nachsingens* ist ein typisches Zeichen der Spirituals.

Die Lebendigkeit und der musikalische Reiz der Spirituals fesseln uns heute noch immer. Leider haben viele aus dieser Tatsache ein Geschäft gemacht: Sänger, Bands und Plattenfirmen. Aus den gläubig naiven Gesängen der Neger entstanden "Schlager" in raffinierter Verpackung. Aus dem Gesang der Armut und seelischen Not wird ein Pop-Song, der sich gut verkauft. Selbst die Kirche schreckt nicht davor zurück, in sog. "rhythmischen Messen" mit eingedeutschten Spirituals und Gospelsongs die Jugendlichen anzulocken.

Der Spiritual lebt heute nur noch auf dem Konzertpodium, in den Studios von Plattenfirmen, Rundfunk und Fernsehen. In Europa wurden die Spirituals vor allem durch das **Golden Gate-Quartett** bekannt.

In den Negerkirchen der USA ist heute noch der **Gospel-Song** (Gospel = frohe Botschaft) lebendig. Bei diesen Liedern handelt es sich um eine Art freier Predigt, also nicht nur um Psalmen oder Geschichten aus dem Alten Testament. Wie beim Spiritual wird vor- und nachgesungen: Der Geistliche trägt die Predigt vor, die Gemeinde antwortet. Der Gospel-Song ist die *moderne Form des Spirituals,* vitaler, swingender, jazzmäßiger als der alte Spiritual. Er ist nicht rein vokal, häufig treten eine Posaune, eine Gitarre, ein Harmonium oder ein Tambourin zum Gesang. Die bedeutendste Interpretin von Gospel-Songs ist **Mahalia Jackson.**

MERKE:

Worksongs waren Lieder, die von den schwarzen Sklaven bei der Arbeit gesungen wurden.

Spirituals waren die ersten geistlichen Gesänge der amerikanischen Schwarzen.

Gospel-Songs sind geistliche Gesänge der Schwarzen, die heute noch lebendig sind.

Neger-Methodisten singen Spirituals bei einer Zusammenkunft in Philadelphia. Ein Aquarell aus dem Jahre 1810.

Name: Klasse: Datum:

Spirituals

Das Golden Gate Quartett

Die Formation, die wohl die berühmteste und beständigste Gospel-Spiritual-Jazz-Vocalgruppe der Welt ist, wurde 1934 in den USA gegründet. Der Stil der vier farbigen Sänger blieb seither bis heute nahezu unverändert. Geschickt mischen sie ihrem ureigenen Sound die Strömungen moderner und zeitgemäßer Unterhaltungsmusik bei. Mehr als 14000 Konzerte in der ganzen Welt sind der beste Beweis für die Beliebtheit des Quartetts.

Sweet Chariot

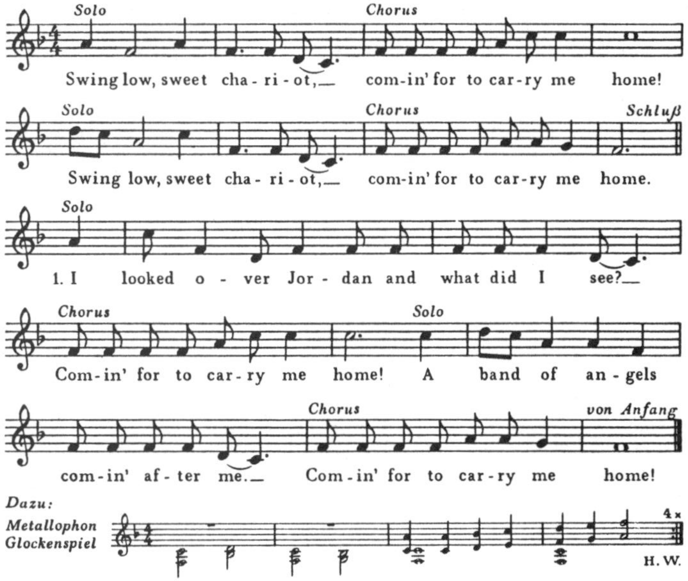

2. If you get there before I do, comin' for to carry me home,
tell all my friends I'm comin' too. Comin' for to carry me home!

3. The brightest day that ever I saw, … when Jesus washed my sins away, …

4. I'm sometimes up and sometimes down, … but still my soul feels heavenly bound, …

My Lord, what a mourning

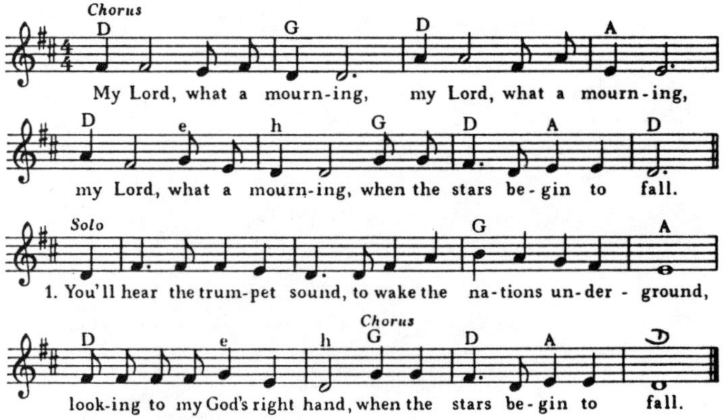

2. You'll hear the sinner mourn, to wake the nations underground,
looking to my God's right hand, when the stars begin to fall.

3. You'll hear the Christian shout, to wake the nations underground,
looking to my God's right hand, when the stars begin to fall.

Negro-Spiritual.
mourning = Wehklagen

Oh, when the Saints

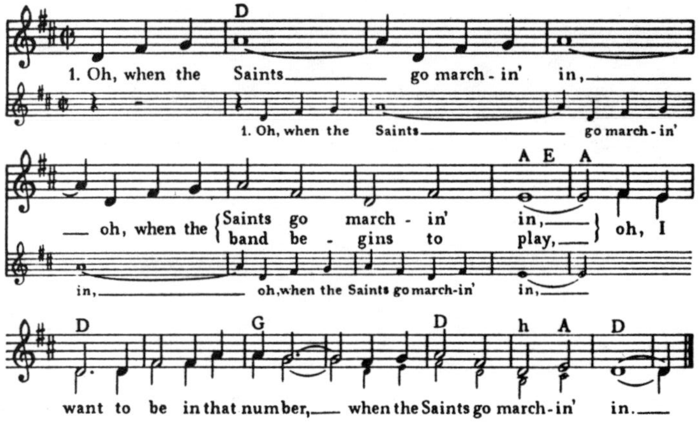

2. |: And when the band begins to play, :|
oh, I want to be in that number,
when the band begins to play.

3. And when the sun refuse to shine …

4. And when they gather round the throne …

5. And when they crown Him Lord of Lords …

Name: Klasse: Datum:

Der Blues
Vorläufer des Jazz

Was Spiritual und Gospelsong im Bereich der religiösen schwarzen Musik sind, das ist der Blues im weltlichen Bereich: das Rückgrat der gesamten Jazz-Entwicklung von den Anfängen bis heute. Er hat sich von einer einfachen Volksmusik zu einer anspruchsvollen Kunst entwickelt. Die moderne Popmusik ist nicht denkbar ohne den Einfluss des Blues.

"Blues" ist ein aus "blue devils" (blaue Teufel) zusammengezogenes Wort, welches das Gefühl des Trübsinns, der Niedergeschlagenheit, aber auch der Auflehnung wiedergibt.
In ihm wird alles ausgedrückt, was das Gemüt der Schwarzen bewegt: Freude, Leid, Hoffnung, Spott, Scherz, Armut, Not, Tod, Liebe und Hass, soziale Ungerechtigkeit und Rassendiskriminierung.

Übersetzung:
Hab' den St.-Louis-Blues, ja so blau (traurig), wie ich nur sein kann.
Dieser Mann hat ein Herz wie ein Fels im Meer.
Sonst wär' er nicht so weit von mir fortgegangen.

W.Ch.Handy, 1914
Satz: Rudolf Kabrda, 1974

Leadbelly, ein alter Blues-Sänger, erzählt: "Jeder hat manchmal den Blues. Man weiß nur nicht, was es ist. Aber wenn du im Bett liegst und dich von einer Seite auf die andre wälzt und kannst nicht schlafen, was ist dann mit dir los? der Blues hat dich ..."

Ein Blues besteht meistens aus **12 Takten.** Die Harmonien wechseln zwischen 3 oder 4 Akkorden.

Das "Blues-Gefühl" wird durch die "blue notes" (die "blauen" Töne) ausgedrückt; durch die **erniedrigte 3. und 7. Stufe.**

Aufgaben:

1. Welche der "blue notes" erscheint im St.- Louis-Blues? ______________________

2. Welche melodische Wendung verbindet die drei Viertaktgruppen? ______________________

Name: Klasse: Datum:

Good morning, Blues

2.

I lay down last night, turning from side to side,
Yes, I was turning from side to side.
I was not sick, I was just dissatisfied.

3.

I got up morning, blues walkin' 'round my bed,
Up this morning, blues walkin' 'round my bed.
Went to eat my breakfast, blues was all in my bread.

4.

I sent for you yesterday, here you come a-walkin' today,
Sent for you yesterday, here you come a-rackin' today.
You got your mouth wide open - you don't know what to say.

Text und Musik: Huddie Ledbetter (auch Leadbelly genannt)

Dieser Blues ist ein gutes Beispiel für die spielerisch-ausdruckshafte Verwendung der "blue notes" (Terz es/e).

Name: Klasse: Datum:

Oh happy day

Text und Musik: Gospel aus den USA

Name: Klasse: Datum:

Stationen des Jazz

Aufgabe:

Zeichne in die Karte die folgenden Orte ein:

New Orleans, St. Louis, Memphis, Chicago, New York, Los Angeles, San Francisco

Name: Klasse: Datum:

Der Ragtime

Vorläufer des Jazz

Scott Joplin

Bevor man in den USA von Jazz sprach, ging das Ragtime-Fieber um (1890-1910). Diese Musik entstand - wie die ganze Jazzmusik - aus dem Zusammenprall zweier Kulturen, der afrikanischen Volksmusik und der europäischen Musizierweise. Im Ragtime wurde die europäsche Salon-, Schlager- und Operettenmusik in schwarzer Spieltechnik synkopiert, zumeist auf dem Klavier. Aus Märschen, Polkas und Walzern entstanden jazzmäßig verfremdete und rhythmisierte Populärmusiken. Der Ragtime, ursprünglich als obskure Tingeltangel-Klaviermusik beschrieben, gilt als Vorläufer des Jazz. Als bedeutendster Komponist und Interpret des Ragtime gilt **Scott Joplin** (1886-1917), dessen *"Maple Leaf Rag"* zu den populärsten Stücken dieser Musik zählt.
1974 verursachte der Film "Der Clou"eine neue Beliebtheit des Ragtime (*"The Entertainer"*).

Der Ragtime ist eine vollständig *schriftlich fixierte Unterhaltungsmusik*. Er ist in der Art der Klaviermusik des 19. Jahrhunderts komponiert und besitzt einen harten "Beat" in der linken Hand, wobei die Betonung häufig auf den Zählzeiten 2 und 4 liegen. Die Melodie wird vorwiegend in der rechten Hand geführt und ist stark punktiert und synkopiert.

Ragtime = "ragged time" - zerrissene Zeit

Maple Leaf Rag:

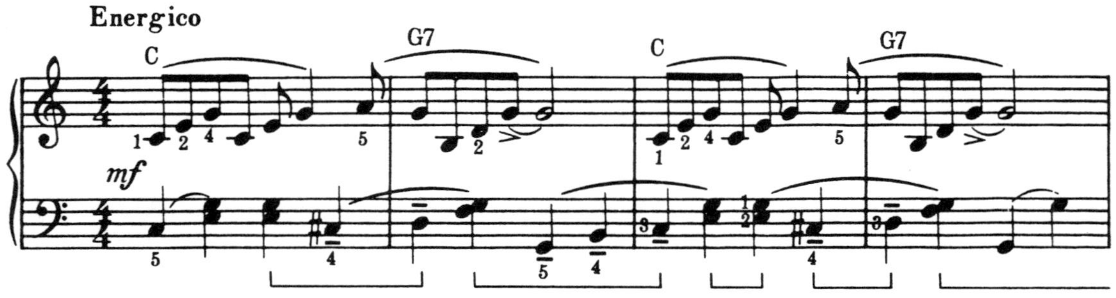

The Entertainer:

Name: Klasse: Datum:

Ein neuer Musikstil: New-Orleans-Jazz

Die Geschichte des eigentlichen Jazz beginnt in *New Orleans*, der Hafenstadt im Mississippidelta. Um 1900 war diese Stadt ein Hexenkessel und Schmelztiegel von Völkern und Rassen. Engländer, Spanier, Italiener, Franzosen und Deutsche lebten hier mit den Negersklaven zusammen. Im Vergnügungsviertel der Stadt, in *Storyville*, einem Nährboden für Kriminalität und Prostitution, entwickelte sich die neue Musik - der **Jazz.**

Street Marching Band in New Orleans

Hier verschmolzen die Marschmusik der Militär- und Zirkuskapellen, die Tanz- und Volksmusik der eingewanderten Völker und ihre Kichenlieder mit den Spirituals und Gospelsongs, dem Ragtime und Blues der Schwarzen. Neu an dieser Musik war besonders die Verwendung *europäischer Blasinstrumente* als Melodieinstrumente. Die schwarzen Musiker spielten diese Instrumente aber anders als die weißen Musiker: sie versuchten, mit den Instrumenten zu 'sprechen', so wie sie vorher mit ihrer Stimme ausdrückten, was sie persönlich bewegte. Das ergab eine ganz besondere Tongebung.

Louis Armstrong - King of Jazz

Der wohl berühmteste Interpret dieser Musik war **Louis Armstrong** (1900-1971). Seine Improvisationen auf der Trompete waren so makellos und gestochen klar, dass er bald zum *King of Jazz* wurde. Begeisterung erntete er durch seine Bigband-Aufnahmen und seine rauhkehlige Stimme. Er war der ausdruckvollste aller Jazzsänger. Bis zu seinem Tod am 6.7.1971 in New York hat er unablässig seine 'kleine geliebte Trompete' geblasen. *"Hello Dolly"* und *"What A Wonderful World"* hießen seine letzten großen Hits.

Zunächst spielten die *"Marching Bands"* bei Festen, Hochzeiten, im Karneval und bei Begräbniszügen (auf dem Hinweg zum Friedhof traurig, auf dem Rückweg die gleiche Melodie fröhlich!).
Daraus entwickelte sich die "klassische" **Besetzung einer Jazzband:**

Kornett (Trompete)	als Stimmführung
Posaune	als Unterbau
Klarinette	als verzierende Begleitstimme

Diesen Melodieinstrumenten steht die Gruppe der Rhythmusinstrumente (Bass, Tuba, Schlagzeug, Banjo bzw. Gitarre, manchmal auch Klavier) gegenüber.

Das wesentlich Neue am Jazz aber waren diese Punkte: **drive, swing** und **off-beat.**

drive:	Ein gefühlsmäßiges Vorandrängen (Schnellerwerden)
swing:	Durch Schlagzeugbegleitung (Becken) erzeugte "schwingende" Spannung
off-beat:	Versetzung der Taktschwerpunkte

Name: Klasse: Datum:

Jazzmusik: Der Swing

In *New Orleans*, einer Stadt im Süden der USA, begegneten sich zwei ganz verschiedene rhythmische Vorstellungen: der "ordentliche", gleichmäßige europäische Rhythmus und das vielfältig sich überkreuzende und überschneidende Geflecht afrikanischer Rhythmen.

Die Neger hatten aus Afrika ihr eigenes rhythmisches Gefühl mitgebracht, aber die Musik, die sie um sich herum hörten, war europäisch: New Orleans stand damals unter spanischer, bzw. französischer Herrschaft. Die Schwarzen hörten diese Musik ihrer weißen Herren (Märsche und Walzer) und wollten sie nachspielen, aber indem sie sie nachzuspielen meinten, veränderten sie den Rhythmus. Sie empfanden es als langweilig, immer nur die Zählzeit "Eins" zu betonen. Sie meinten, es sei viel interessanter und spannungsvoller, wenn zwar die "Eins" die "Eins" bliebe, aber die Betonung auf der schwachen Zählzeit, also der "Zwei" saß. Durch diese Überlagerung zweier verschiedener Rhythmusgefühle entstand der sogenannte **"swing"**: das rhythmische Element, das alle Formen der Jazzmusik von den allerältesten bis zu den allermodernsten kennzeichnet.

Benny Goodman

Typisch für den Swing war neben dem flüssigen, biegsamen, swingenden Rhythmus die *große Besetzung*. Eine Big Band bestand in der Regel aus einem Trompeten-, Posaunen- und Saxophonsatz sowie der Rhythmusgruppe (Klavier, Bass, Schlagzeug). Die große Besetzung brachte es mit sich, dass das Arrangement in den Vordergrund trat. Der einzelne Musiker konnte nur als Solist improvisieren.

"King of Swing" war **Benny Goodman.** Er wurde 1909 in Chicago geboren und bekam schon sehr früh Klarinettenunterricht. 1938 gab er mit seiner Big Band ein sensationelles Konzert in der New Yorker Carnegie Hall und verschaffte dadurch dem Jazz auch beim breiten Konzertpublikum Anerkennung.

Count Basie

Eine andere Swing-Gruppe mit berühmten Solisten trat unter **Count Basie** in Kansas City auf. Count Basie ist einer der ganz großen und legendären Gestalten des Jazz. 1935 gründete er seine eigene Big Band, die er immer vom Piano aus leitete. 1954 kam er zum erstenmal zu einer Tournee nach Europa.

Duke Ellington

Duke Ellington, der amerikanische Bandleader, Komponist und Pianist, gründete bereits 1925 eine Band. Seine Konzerte waren eine Sensation. Sieben Jahre lang war er ständiger Gast in der New Yorker Carnegie Hall. Tourneen führten in durch Europa, die USA und Südamerika.

Name: Klasse: Datum:

Geschichte des Jazz

1890 Ragtime	Scott Joplin (Sedalia, Missouri) - rhythmisch geprägte Art des Klavierspiels - ragged time = zerrissene Zeit
1900 New Orleans	Marching Bands - Kornett (Trompete), Posaune, Klarinette, Klavier, Banjo/Gitarre, Tuba/ Kontrabass, Schlagzeug - swing ("schwingende" Spannung erzeugt von den Becken) - drive (gefühlsmäßiges Vorandrängen, Schnellerwerden der Musik) - off-beat (Versetzung der Taktschwerpunkte)
1910 Dixieland	Begriff geht entweder auf den Landvermesser Dixon zurück oder auf das französische "dix" (10) auf den Geldscheinen in Louisiana. - Jazz der Weißen (wurde aber auch von den Schwarzen gespielt)
1920 Chicago-Stil	Verlagerung der "Szene" von New Orleans nach Chicago (Kriegseintritt der USA) - Improvisation im Vordergrund - Band spielt das Thema, nach und nach improvisieren einzelne Instrumente frei über das Thema.
1930 Swing	Big Bands - Einsatz des Saxophons - Führung durch ein Melodieinstrument (z.B. Klarinette von Benny Goodman, Posaune von Glenn Miller) - Meist drei- oder vierfach besetzte Bläser - Hervortreten des Bandleaders
1940 Be-Bop	Ausbruch des Zweiten Weltkriegs - Wandlung vom heiteren Sound des Swing zu einer zerrissenen, gehetzten Melodiestruktur - Triolen-Feeling (Drittelteilung im Schlagzeug)
1950 Cool Jazz	Miles Davis, "Vater des Cool Jazz" - Verarbeitung von klassischer Musik (besonders Barock)
1960 Hard Bop	Rückbesinnung auf eine vitalere Musizierweise - Funk (Weiterentwicklung des Blues) - Soul (Erinnerung an die Gospel-Songs der schwarzen Kirchen) - Massenerfolge in der Popmusik
seit 1960 Free Jazz	Loslösung von der herkömmlichen Harmonik, Melodik und Rhythmik - atonale Strukturen - Durch zunehmende Kommerzialisierung bilden sich Mischformen zwischen Jazz und Popmusik - Einfluß der Beatles und Rolling Stones

Pop

Country und Western / Folksong
Cat Stevens / Simon & Garfunkel
Bob Dylan / Elvis Presley
Beatles / Heavy Metal
Schlager / Volksmusik

Name: Klasse: Datum:

Country und Western

Country und Western ist ein Schlagerstil, der seit den 40er Jahren aus der volkstümlichen Musik der USA hervorgegangen ist. Diese Musik vom *"Lande und aus dem Westen"* besteht aus melodisch und harmonisch unkomplizierten Songs. Sie entwickelte sich aus den Stilbereichen des Bluegrass und Hillbilly der weißen euroamerikanischen Volksmusik (Einwanderer aus Irland). Charakteristisch für den sogenannten *Nashville Sound* sind die Instrumentierung mit Banjo, Fiedel, Mandoline und Schlagzeug, sowie die hohe, etwas nasale Singstimme.

Der **Country-Blues** ist die ländliche Variante des Blues. Seine bedeutendsten Vertreter sind *Big Bill Broonzy, Leadbelly* und *Blind Lemon Jefferson.*

Der **Country-Rock** ist ein Stilbereich der Rockmusik, der an die ländlichen Musizierweisen des amerikanischen Westens anknüpft, wobei auch auf die volkstümlichen Instrumente wie Banjo, Akkordeon und Fiedel zurückgegriffen wird.

Die Country-Band **'Nashville Train'** nennt sich nach der Stadt in den USA, die noch immer als *das* Zentrum der Country-Musik gilt: **Nashville,** Tennessee.

Foto: Karl Bauer

Name: **Klasse:** **Datum:**

Folksong

Die Wiederbelebung der amerikanischen Folkmusic zu Beginn der 60er Jahre, das sogenannte "Folk Revival", war in erster Linie eine Wiederbelebung der Geschäfte, die mit dieser Musik gemacht werden konnten. Es waren Lieder, die nach dem Gedächtnis überliefert und oft mit politischen und sozialen Bewegungen verknüpft wurden. Heute haben viele Folksongs *Protestsongcharakter*.
John Lomax war der erste Sammler, der mit einem Tonbandgerät durch die Staaten reiste und Aufnahmen von Hunderten von Cowboyliedern machte. Er und sein Sohn legten in ständiger Suche nach immer neuen Balladen, Blues, Worksongs, Folksongs, Spirituals und Instrumentalmusik den Grundstock des "Archiv of American Folk Song" in Washington. Auf ihren Forschungsreisen hörten sie den schwarzen *Huddie Ledbetter*, bekannt als *Leadbelly*, der sich auf seiner zwölfsaitigen Gitarre begleitete und durch seine ausdrucksfähige Stimme überzeugte. Bald bildete sich ein großer Freundeskreis mit anderen Folksinger um ihn: *Sonny Terry, Woody Guthrie, Pete Seeger u.a.*.

Woody Guthrie zog auf der Suche nach Arbeit kreuz und quer durch die USA. Er sang Lieder, die er auf der Straße hörte, oftmals änderte er sie, fügte neue Strophen hinzu oder vereinfachte die Melodien, damit er sie leichter auf der Mandoline, der Gitarre oder der Mundharmonika begleiten konnte. Meist handelten seine Lieder von unterdrückten oder vom Schicksal gebeutelten Menschen. Am bekanntesten ist sein patriotischer Song *"This land is your land"*.

This land is your land Text und Melodie: Woody Guthry

1. As I went walking that ribbon of highway, I saw above me that endless skyway, I saw below me that golden valley. This land was made for you and me. This land is your Land ...

2. I roamed and rambled and I followed my footsteps to the sparkling sands of her diamond deserts. All around me, a voice was sounding. This land was made for you and me. ...

Mit Beginn der 40er Jahre trat mit den *"Almanac Singers"* die erste Folk-Gruppe in Erscheinung. Pete Seeger gründete 1941 in New York dieses Trio. Woody Guthrie schloss sich dieser Gruppe an und gemeinsam machten sie sich auf eine Konzertreise quer durch die Vereinigten Staaten nach San Francisco. Nach Jahren in der Armee trennten sich die Wege von Seeger und Guthrie.
Als Solosänger hat **Pete Seeger** seit 1958 amerikanische Folksongs und politische Lieder in Tausenden von Konzerten in den Städten und Dörfern der USA, auf zahlrechen Weltreisen und auf über 100 Langspielplatten verbreitet.

Where have all the flowers gone Text und Melodie: Pete Seeger

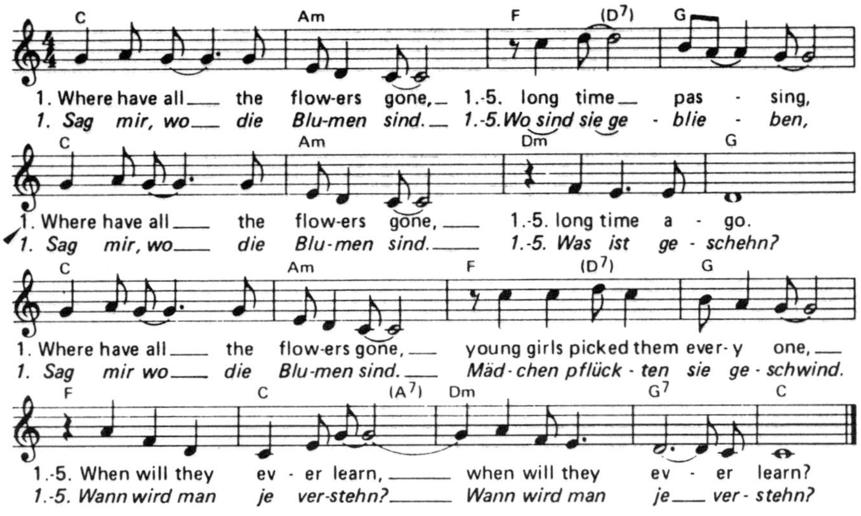

2. Where have all the young girls gone, ...
Gone to the young men every one. ...

3. Where have all the young men gone, ...
They are all in uniform. ...

4. Where have all the sldiers gone, ...
Gone to graveyards every one. ...

5. Where have all the graveyards gone, ...
Covered with flowers every one. ...

2. Sag mir, wo die Mädchen sind, ...
Männer nahmen sie geschwind. ...

3. Sag mir, wo die Männer sind, ...
Zogen fort, der Krieg beginnt. ...

4. Sag, wo die Soldaten sind, ...
Über Gräbern weht der Wind. ...

5. Sag mir, wo die Gräber sind, ...
Blumen blühn im Sommerwind. ...

Name: Klasse: Datum:

Folksongs

Die Inhalte der amerikanischen Folksongs spiegeln zum großen Teil die *Geschichte der Vereinigten Staaten* wider:

Tramp- und Hobo-Songs	Lieder der Straße und Wanderarbeiter
Railroad-Songs	Lieder der Eisenbahnbauarbeiter und Lokomotivführer
Shanties und Sailor-Songs	Lieder der Matrosen, Walfänger und Fluss-Schiffer
Cowboy-Songs	Lieder von der Arbeit der Cowboys und der Prärie
Work-Songs	Lieder der Holzfäller, Strecken- und Plantagenarbeiter
Union-Songs	Lieder bei Streiks und Gewerkschaftskundgebungen
Banditen-, Outlaw- und Helden-Songs	Lieder über bewunderte Bösewichte, Gesetzlose
Love-Songs	Liebeslieder
Children-Songs und Lullabies	Kinder- und Schlaflieder

Rambler Gambler

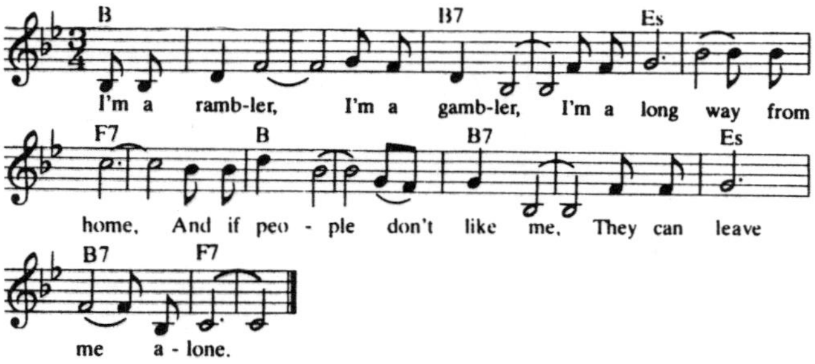

Erzählt wird die Liebe eines Kartenspielers zu einer neunzehnjährigen Schönheit, deren Eltern gegen eine Heirat sind.

Shenandoah

Lied der Fellhändler, die den Missouri befuhren und mit den Indianern Geschäfte machten.

The Sioux Indians

Das Lied berichtet vom Gefecht zwischen Sioux-Indianern und Mormonen, die 1840 mit einem Wagentreck durch Indianerland zogen.

Take this Hammer

Ein Lied der Holzfäller und Streckenarbeiter. Die Pause nach jeweils zwei Takten wird genutzt, um die Axt oder den Hammer niedersausen zu lassen.

Name: Klasse: Datum:

John Brown's Body

"John Brown's Body" ist das bekannteste Lied aus der Zeit des Bürgerkrieges. John Brown wurde am 9. Mai 1800 in Torrington, Connecticut, geboren und am 2. Dezember 1859 in Charlestown, Virginia, hingerichtet. Er war einer der Führer im Kampf gegen die Sklaverei. John Brown wollte das ganze Land aufrütteln und den Negern die Freiheit bringen. Sein Plan, ein Waffenarsenal zu plündern scheiterte. Nach mehrstündigem Kampf wurde Brown's Mannschaft überwältigt, er selbst gefangen genommen und zum Tode verurteilt. Eigentümich erscheint, dass beide Seiten im Bürgerkrieg sich auf John Brown beriefen und das ihn ehrende Lied sangen.

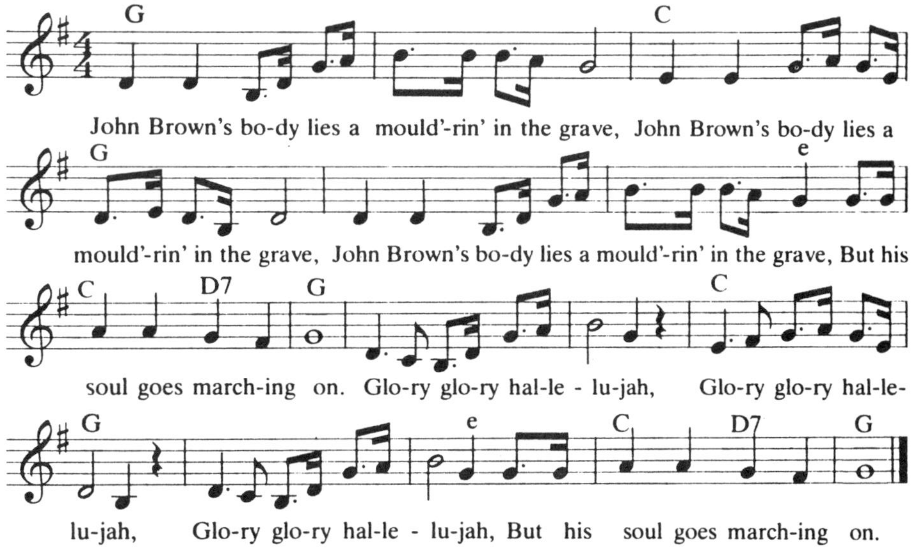

2. John Brown died that the slaves might be free (4x),
   But his soul goes marching on.
3. He captured Harper's Ferry with his nineteen men so true,
   He frightened old Virginia till she trembled through and through,
   They hanged him for a traitor, they themselves the traitor crew,
   But his soul goes marching on.
4. Well, he's gone to be a soldier in the army of the Lord (4x),
   But his soul goes marching on.
   Glory glory hallelujah ...

Tom Dooley

Verbittert und enttäuscht war Tom Dula aus dem Bürgerkrieg nach North Carolina heimgekehrt. Seine einzige Hoffnung war ein friedliches Leben mit seiner Verlobten Laura Foster. Diese aber hatte inzwischen mehrere Verehrer gefunden. Tom Dula selbst wurde von einer schönen Frau namens Ann Melton umworben. Beide beschlossen, Laura Foster zu töten. In der Einsamkeit der Berge hoben sie ein Grab aus, lockten Laura dorthin und brachten sie durch Messerstiche um. Tom Dula floh, wurde aber an der Grenze zu Tennessee gestellt und zum Tode durch Erhängen verurteilt. Im Gefängnis setzte er sein Geständnis in Verse und sang es bis zu seiner Hinrichtung täglich zur Geige. Am 1. Mai 1868 wurde Tom Dula in Wilkes County, North Carolina, gehängt. Sein Lied wurde mündlich überliefert und gelangte fast hundert Jahre später in der Version des "Kingston Trio" auf Platz 1 der amerikanischen Hitparaden. Allerdings hatte sich sein Name mittlerweile in das leichter zu singende "Tom Dooley" gewandelt.

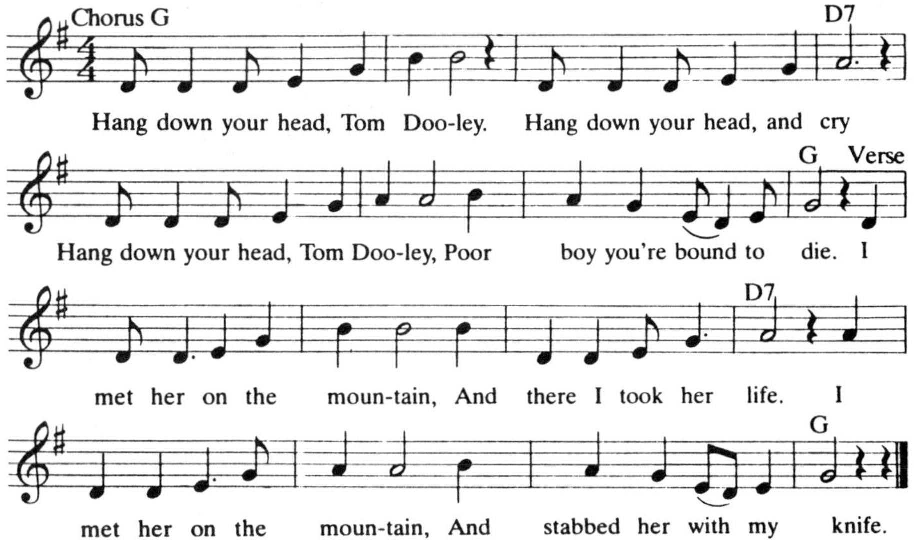

2. This time tomorrow,
   Reckon where I'll be?
   If it hadn't been for Grayson,
   I'd a-been in Tennessee.
   Hang down ...
3. This time tomorrow,
   Reckon where I'll be?
   Down in some lonesome valley,
   Hangin' from a white oak tree.
   Hang down ...

Name: Klasse: Datum:

Cat Stevens

Der Sohn eines Griechen und einer Schwedin wurde am 1. Juli 1948 als Steven Demetri Georgiou in London geboren. 1966 gelang dem ehemaligen Kunststudenten der Durchbruch als Folksänger mit *lyrischen* und *melancholischen* Chansons. Eine Tuberkuloseerkrankung zwang den Künstler zum völligen Abbruch seiner Karriere. Nach seiner Genesung 1970 sang er in Kneipen Songs, die er während seiner Krankheit geschrieben hatte. Der kommerzielle Durchbruch mit seinen Liedern gelang Cat Stevens während einer Tournee durch die USA. Wenig später veröffentlichte er die erste Schallplatte in seiner zweiten Karriere. Es folgten nun mehrere Alben, die ihn endgültig in der ersten Reihe der weltbesten Folk-Sänger etablierten.
Inzwischen hat sich Cat Stevens aus dem Show-Geschäft zurückgezogen und ist zum mohammedanischen Glauben übergetreten.

Morning has broken

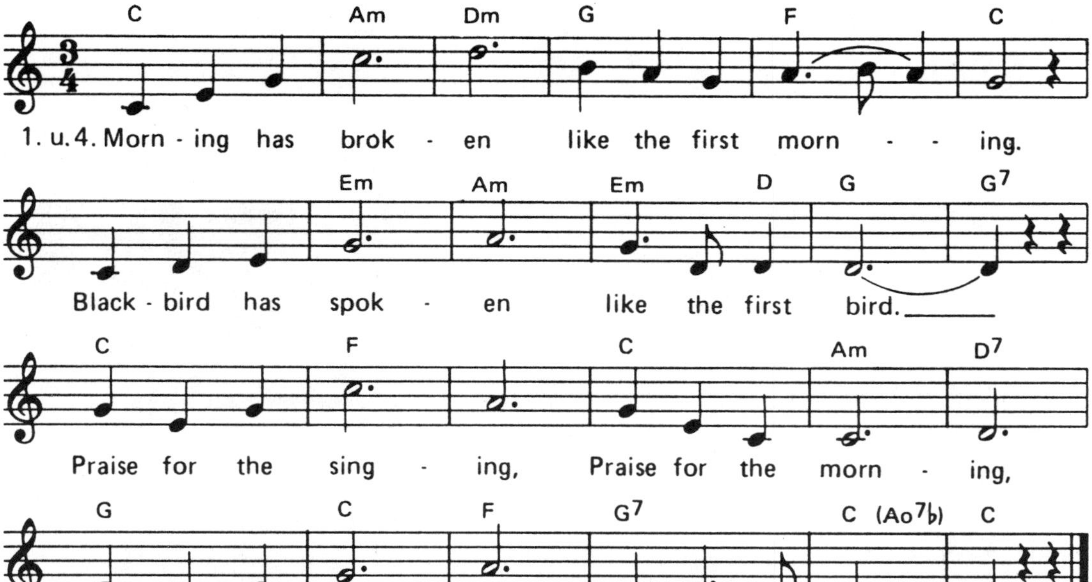

2. Sweet the rain's new fall, sunlit from heaven,
Like the first dewfall on the first grass.
Praise for the sweetness of the wet garden,
Sprung in completeness where His feet pass.

3. Mine ist the sunlight, Mine is the morning,
Born of the one light Eden saw play.
Praise with elation, praise ev'ry morning,
God's recreation of the new day.

1. Schön ist der Morgen, schau aus dem Fenster;
ganz neu geboren, schenkt er den Tag.
Nimm ihn und freu dich, danke und denke,
wieder kommt für mich ein neuer Tag.

2. Schön ist der Morgen, singen die Lerchen;
ganz ohne Sorgen freu'n sie sich nur.
Nimm dir ein Beispiel, sei mehr zufrieden,
oft willst du zuviel, frag mal, warum.

3. Schön ist der Morgen, fang wieder neu an.
Gestern und Sorgen, alt und vorbei,
danke und denke, dass die Welt schön ist,
darum verschenke nie einen Tag.

Text: Eleanor Farjeen
Musik: Cat Stevens nach einem alten Folksong
Deutscher Text: Gisela Zimber

Melodie der Welt, J.Michel KG, Frankfurt am Main

Name: Klasse: Datum:

Shanty

Der Shanty war ein Arbeitslied der Seeleute zur Zeit der Segelschiffe. Das Tempo und der Rhythmus dieser Lieder wurden vom Arbeitsvorgang bestimmt: Ankerhieven, Segelhissen, Pumpen usw. Den oft improvisierten Solostrophen des *Shantyman* (Vorsänger) antwortete ein chorischer Refrain. Die meisten heute bekannten Shanties stammen aus dem 19. Jahrhundert. Wegen der damaligen Vormachtstellung Englands in der Seefahrt sind sie hauptsächlich englischsprachig. Die Themen kommen aus dem Lebens- und Erfahrungsbereich der Seeleute: z.B. Heim- und Fernweh, Hafenliebe, Gefahr und Rettung. In diese Lieder mischten sich später die Lieder anderer angloamerikanischer Berufsgruppen. Die Thematik und der Ton der Shanties leben heute im Schlager weiter. Begleitung der Shanties war das "Schifferklavier", die Ziehharmonika.

Sloop John B.

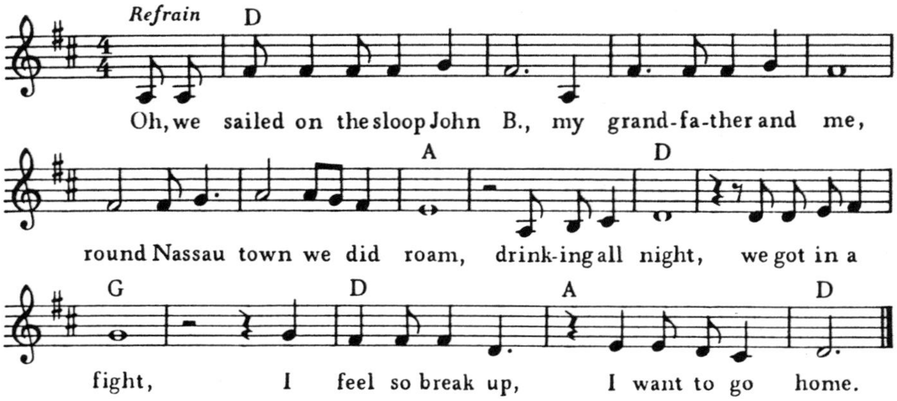

(Die Strophen werden zur gleichen Melodie gesungen wie der Refrain.)

1. So, hoist up the John B. sails,
   see how the mainsail set,
   send for the cap'n ashore, let me go home!
   Let me go home, let me go home,
   I feel so break up, I want to go home!
2. The first mate he got drunk,
   break up the people's trunk,
   constable come aboard and take him away.
   Mr. Johnstone, please let me alone,
   I feel so break up, I want to go home.
3. The poor cook he got fits,
   throw 'way all the grits,
   then he took and eat up all o' my corn.
   Let me go home, I want to go home,
   this is the worst trip since I been born.

Dieser Shanty von den westindischen Inseln erzählt von einer Schaluppe und dem ausgelassenen Fest an Bord, das kurz vor dem Untergang des Schiffes gefeiert wurde.

Name: Klasse: Datum:

Simon & Garfunkel

Simon & Garfunkel waren das erfolgreichste amerikanische Gesangsduo Ende der 60er Jahre. *Art Garfunkel* und *Paul Simon* wurden 1943 im New Yorker Stadtteil Queens geboren. Sie lernten sich als Schüler kennen und taten sich 1957 zum erstenmal als Duo "Tom & Jerry" zusammen. Mit dem Bee-Bop Bubblegum-Song "Hey, Schoolgirl" hatten sie ihren ersten Hit. Nach dem Schulabschluss studierte Paul Simon Rechtswissenschaft, Art Garfunkel erhielt nach dem Examen eine Professur für Geometrie. 1964 entschlossen sie sich, als Duo unter ihrem richtigen Namen einen neuen Anfang zu machen. Sie spielten akustische Gitarre, lehnten sich an den Sound der Everly Brothers an und orientierten sich an den Texten von *Bob Dylan.*

Mit dem Lied *"Sound of Silence"* landeten sie ihren ersten großen Erfolg. Von der "New York Times" wurde dieser Song als Hymne einer ganzen Generation bezeichnet. Es folgten weitere Hits:

"Homeward Bound"
"I am a Rock"
"Mrs. Robinson"
"The Boxer"
"Bridge over troubled Water"
"Cecilia"
"El Condor Pasa" u.v.a.

Als die beiden sich 1970 trennten, hatten sie fast neun Millionen Schallplatten ihres letzten Albums verkauft. In der Folgezeit trafen sie sich gelegentlich zu gemeinsamen Auftritten und Plattenaufnahmen.

Einer der ganz großen Erfolge von Simon & Garfunkel war das bolivianische Lied *"El Condor Pasa"*. Du hörst die Originalfassung der beiden in englischer Sprache.

El Condor Pasa

2. Der Mensch ist wie der Kondor, der da fliegt ohne Ruh,
von einem Ort zum andern strebt er fort.
Der Kondor schlägt mit seinen Fängen zu, wie der Mensch,
dem seine Waffen lassen nie Ruh. Mit einer Stimme . . .

Name: Klasse: Datum:

Bob Dylan

Bob Dylan wurde am 24. Mai 1941 in Duluth, Minnesota als Sohn eines jüdischen Kaufmanns geboren und wuchs in der Kleinstadt Hibbing auf. Sein bürgerlicher Name war Robert Zimmermann. Nach einem abgebrochenen Studium an der Universität von Minnesota tauchte er im Herbst 1960 im New Yorker Künstlerviertel Greenwich Village auf. Er hatte kein Geld und suchte in Cafés und Nachtklubs Jobs, um seine Lieder vorzusingen.

Dylan schrieb Hit-Titel, die die Gemütsverfassung der Jugend in aller Welt widerspiegelte - Signale, die die Jugend auch sofort aufnahm und begriff: "The Times They Are Changing". Trotz nur ausreichender Stimmqualität stand er von 1961 bis 1964 an der Spitze der *Folkbewegung.* Er beeinflusste wie kein anderer Künstler der Gegenwart die Rockmusik.

Im Sommer 1966 zog sich Dylan nach einem schweren Motorradunfall in die totale Emigration zurück und ließ die Gerüchte, er sei taub, schwachsinnig oder gar tot, unwidersprochen. 1974 machte Dylan die Sensation perfekt. Er trat aus dem Schatten hervor ins Rampenlicht und gab nach 8 Jahren Pause während einer 6-Wochen-Tournee erstmals wieder Konzerte.

Dylans erfolgreichste Zeit aber war in der Mitte der 60er Jahre. Es war die Zeit der Jugend, der Hippies und des Vietnamkrieges. Das Antikriegslied *"Blowin' in the wind"* wurde zum Klassiker des Protestsongs. Seine Texte sind literarisch anspruchsvoll. Die neueren Aufnahmen Bob Dylans enthalten vorwiegend Lieder mit religiösen Texten.

How many roads
(Blowin' in the wind)

2. How many times must a man look up before he can see the sky?
Yes, 'n how many years must one man have before he can hear people cry?
Yes, 'n how many deaths will it take till he knows that too many people have died?
The answer ...

3. How many years can a mountain exist befor it's washed to the sea?
Yes, 'n how many years can some people exist before they're allowed to be free?
Yes, 'n how many times can a man turn his head pretending he just doesn't see?
The answer ...

Übersetzung:

1. Wie weit muss einer gegangen sein,
   Bis er als Mensch etwas gilt?
   Und wie weit muss die weiße Taube fliegen,
   Bis sie schlafen kann im Sand?
   Und wie lange noch müssen die Kugeln fliegen,
   Bis man sie endlich verbannt?
   Die Antwort, mein Freund, die kennt allein der Wind,
   Die Antwort kennt ganz allein der Wind.
2. Wie oft muss einer zum Himmel schau'n,
   Bis er ihn endlich sieht?
   Und wie alt muss ein Mensch sein,
   Bis er die Leute weinen hört?
   Und nach wie vielen Toten wird endlich ihm klar,
   Daß längst schon zu viele es sind?
   Die Antwort, mein Freund, ...
3. Wie viele Jahrte überlebt ein Berg,
   Bis er versinkt im Meer?
   Und wie viele Jahre überlebt ein Volk,
   Dem man keine Freiheit gewährt?
   Und wie lange kann einer taub sich stellen
   Und so tun, als ob er nichts hört?
   Die Antwort, mein Freund, ...

Name: Klasse: Datum:

Popmusik

Rock and Roll, Popmusik und Rockmusik sind einige Namen für die populäre Musik, die vom Blues und der Folk-Musik der (schwarzen) Amerikaner beeinflusst wurde und heute über Schallplatte (CD), Tonband, Radio und Fernsehen die ganze westliche Welt beherrscht.

Markiere in der Karte die "westliche Welt" !

Die Anfänge des Rock and Roll liegen bei einer kleinen Gruppe weißer Musiker und Schallplattenleuten, die Anfang der fünfziger Jahre in den USA die Kraft der schwarzen Musik entdeckten. Diese Musik trug den Namen **"Rhythm and Blues"** und war vor allem bei den Schwarzen der Südstaaten zu hören. Als kleine Plattenfirmen diese Musik auf Schallplatten pressten, stellte sich rasch heraus, daß die weißen Teenager mit Begeisterung Rhythm and Blues hörten. Der Disc-Jockey Alan Freed aus Cleveland (Ohio) spielte diese Musik in seinen Radioprogrammen, nannte sie **"Rock and Roll"** und wurde rasch zur nationalen Berühmtheit.

Die andere wichtige Musiktradition, die zur Entwicklung des Rock and Roll beitrug, war die amerikanische **Country-Musik** (auch Hillbilly, Rockabilly oder "Country and Western" genannt). Sie stammte aus Tennessee und Virginia und wurde durch Radiosendungen und wandernde Straßensänger in weiten Teilen der USA verbreitet. Als der Countrysänger **Bill Haley** dazu überging, in seine Titel das Wörtchen "Rock" einzufügen, schlug die Geburtsstunde des Rock 'n' Roll.

Bill Haley

Geboren am 6. 7. 1927 in Highland Park, Michigan

Bill Haley darf den Anspruch erheben, als Vater des "Rock and Roll" betrachtet zu werden. 1954 formierte der ehemalige Manager einer Radiostation seine Truppe *"The Comets"*, mit der er später seine meisten Welterfolge aufnahm. Er verblüffte das Publikum, als er Country- und Westernsongs mit Blues-Harmonik und einem ansteckend schnellen Rhythmus versetzte. Als erster Musiker verwendete Haley eine elektrische Gitarre als Leadinstrument Auf Anhieb gelang der Truppe um Haley 1954 der erste Millionenerfolg *"Crazy Man Crazy"*, der wenig später von *"Shake, Rattle And Roll"* gefolgt wurde. Ein Jahr später folgte der Titel ***"Rock Around The Clock"***, der zum Nationalsong der Halbstarken in aller Welt wurde.

Name: Klasse: Datum:

Elvis Presley (1935 - 1977)

Der "König des Rock and Roll". Er war der Überlebende von Zwillingen, die am 8. Januar 1935 in Mississippi zur Welt kamen. Seine erste Schallplatte *That's Alright Mama*, die 1954 in Tennessie erschien, war zwar nur ein lokaler Erfolg, doch fand Presley damit den Kontakt zu Colonel Tom Parker, dessen Einfluss auf Presley und seinen "Stil" entscheidend werden sollte.

Heartbreak Hotel (1955) war die erste seiner vielen Schallplatten, die eine Millionenauflage erzielte, und Presley wurde zum unbestrittenen Idol für die Teenager der fünfziger Jahre. Bei öffentlichen Auftritten machte er durch energisches Wackeln der Hüfte von sich reden und erregte dadurch das Missfallen des Establishments. Im selben Jahr (1955) drehte Presley seinen ersten Film *Love Me Tender*.

Das Jahr 1958 brachte einen Wendepunkt im Leben des "King": Zum einen verstarb seine Mutter, deren Tod ihm sehr naheging, und zum anderen wurde er zur Armee eingezogen. Er verstand es jedoch sehr geschickt, aus seinem Wehrdienst Kapital in Form weiterer Lieder und des Films *G.I.Blues* zu schlagen.

Nach Beendigung des Wehrdienstes zog er sich in den Kreis von Freunden und 200 Teddybären zurück. 1973 heiratete er (und wurde bald wieder geschieden), aus der Ehe ging eine Tochter, Lisa, hervor. Von dieser Zeit an schien es mit ihm bergab zu gehen.

Sein Gewicht erreichte stattliche 240 Pfund, und im April 1977 brach er auf offener Bühne zusammen. Er starb vier Monate später nach einem Schlaganfall. Sein Tod löste eine Massenhysterie aus, wie man sie nicht erwartet hatte, und man versuchte sogar, seinen Leichnam zu entführen. Das Lied *Way Down* wurde sogleich ein posthumer Erfolg. Es scheint, als wäre Presley, dessen rauhe und spontane, aber unerhört präzise Musikalität eine unvergleichliche Massenpopularität begründete, von seinem eigenen Starruhm zerstört worden.

Name: Klasse: Datum:

Die Beatles

Eine Rockgruppe der Superlative

Von links: Paul McCartney, George Harrison, John Lennon, Ringo Starr

Die Beatles sind die bekanntesten Vertreter des Beat, einer populären Musikform, die um 1960 in Liverpool entstanden ist. Sie wollten mit ihrer Musik vor allem Kritik an den gesellschaftlichen Zuständen ihrer Zeit üben. Durch die Verbindung verschiedenster Instrumente und Geräuscherzeuger mit elektronischen Klängen haben die Beatles die Entwicklung einer neuen Popmusik stark beeinflusst.

Bandmitglieder:

John Lennon, am 9. Oktober 1940 in Liverpool geboren, am 8. Dezember 1980 gestorben (erschossen):

____

Paul McCartney, am 18. Juni 1942 in Liverpool geboren:

____

George Harrison, am 25. Februar 1943 in Liverpool geboren:

____

Ringo Starr (eigentlich Richard Starkey), am 7. Juli 1940 in Liverpool geboren:

____

Die Besetzung mit dreistimmigem Gesang, beliebig verstärkbaren Elektrogitarren und Schlagzeug galt für die Beatles und ihre Nachahmer bis 1965 als Norm. Als die Beatles sich durch verschiedenartige Besetzungen, technisch komplizierte Aufnahmen, schwierige Arrangements und Nachahmung fremder Stile und Musizierformen (auch der Kunstmusik) von ihrem ursprünglichen Musizierideal entfernten, wurden sie in der Gunst der Jugendlichen von den "Rolling Stones" verdrängt.

Die Beatles haben ihr Instrumentarium allmählich bereichert durch Einbeziehen von Streichinstrumenten (Streichquartett), der indischen "Sitar", schließlich durch verschiedenste Geräuscherzeuger. Durch elektronische Experimente mit Hilfe eines Synthesizers und raffinierten Aufnahmetechniken haben sie ihren "Sound" immer wieder verändert und sich von ihren technischen Geräten so abhängig gemacht, daß sie praktisch nicht mehr öffentlich auftreten konnten.

Name: Klasse: Datum:

Die Beatles

Eine Rockgruppe der Superlative

Die Beatles schrieben, komponierten und arrangierten ihre Songs selbst. Die meisten Lieder stammten von John Lennon und Paul McCartney. Die Beatles nahmen auch zum erstenmal ein Musikvideo im Sinne heutiger Musik-Clips auf. In *Brian Epstein* hatten sie einen geschickten Manager und er legte die Grundlage zum kommerziellen Erfolg. Mitte der sechziger Jahre waren die Beatles die größten Stars der Popwelt. Ihre Platten wurden in Millionenauflage verkauft und brachten in kurzer Zeit mehr Geld ein, als alles bis dahin auf dem Plattenmarkt erschienene. Am 29. August 1966 gaben sie in San Francisco ihr letztes öffentliches Konzert und kamen seitdem nur noch zu Schallplattenproduktionen zusammen. Die Gruppe löste sich 1970 inoffiziell, 1974 offiziell auf. Seit Beginn der 70er Jahre versuchte jeder der vier Musiker sich eine Solokarriere aufzubauen.

Mit zahlreichen Filmen *("Yeah! Yeah! Yeah!", "Help", "Yellow submarine")* und unzähligen Plattenerfolgen waren die Beatles materiell und ideell innerhalb von zehn Jahren zur Rockgruppe der Superlative geworden.
Für den Staatshaushalt Großbritanniens hatten die Beatles durch die Höhe der von ihnen eingebrachten Steuern und Devisen fast schon die Bedeutung eines großen Industrieunternehmens gewonnen.

Die Einnahmen der Beatles:

1. Verkauf von Schallplatten
Zwischen 1963 und 1968 erbrachte der Verkauf von Schallplatten eine Gesamtsumme von über 70 Millionen Pfund. Eine Million verkaufter Platten bedeutete einen Erlös von ca. 1.500.000 Pfund, die folgendermaßen aufgeteilt wurden:

Plattenfilma EMI für die Herstellung	605.500 Pfund
Einzelhandel	400.000 Pfund
Umsatzsteuer	300.000 Pfund
Beatles als Interpreten	120.000 Pfund
Beatles als Komponisten	100.000 Pfund

2. Komponistentantiemen
Als Komponisten erhalten die Beatles 6,25% des Einzelhandelspreises jeder Schallplatte. Dies erhalten die Beatles auch dann, wenn andere Interpreten ihre Stücke aufnehmen: Allein an solchen "fremden" Aufnahmen verdienten die Beatles bis 1968 50.000 Pfund.

3. Rundfunk- und Fernsehhonorare
Jedes Abspielen einer Schallplatte in Rundfunk oder Fernsehen wird honoriert.

4. Gebühren für andere Arten der Wiedergabe
Musikbox, Tanzveranstaltungen, Filmmusik u.a.

5. Verkauf von Noten
Der Komponist erhält (wie auch der Schriftsteller) 10% des Ladenpreises der verkauften Noten. Um die Einnahmen am Verkauf ihrer Noten zu steigern, haben die Beatles sich selbst finanziell an ihrem Musikverlag beteiligt: Paul McCartney z.B. besitzt Aktien im Wert von 600.000 Pfund. Allein im Jahre 1967 wurde so ein Reingewinn von 800.000 Pfund erwirtschaftet.

6. Weitere Einnahmequellen
Die Beatles sind an verschiedenen Industrieunternehmen beteiligt, z.B. an der Filmgesellschaft, in deren Verleih auch die Beatles-Filme "A Hard Day's Night", "Help" und "Magical Mystery Tour" erschienen. Im Alleinbesitz der Beatles befindet sich die Filmgesellschaft Apple Films Ltd.. Das Apple-Unternehmen wurde inzwischen ausgeweitet zu: Apple-Electronics (Computer), Apple-Records (Schallplatten), Apple-Boutique (Schmuck und Bekleidung) mit zahlreichen Filialen im Ausland.

Als die Beatles auf dem Höhepunkt ihrer Karriere waren, beliefen sich ihre Brutto-Gesamteinnahmen jährlich auf mindestens eine Million Pfund.

Name: Klasse: Datum:

Heavy Metal

Heavy Metal ist ein Musikstil, der am Ende der Zeit des Beat, also zu Beginn der Siebziger Jahre, vor allem in England entstand. Als "Väter des Heavy Metal" gelten heute die Gruppen *Deep Purple, Led Zeppelin, Uriah Heep und Black Sabbath.*

Heavy Metal-Bands der heutigen Zeit:

____

____

____

Deep Purple

Die Bezeichnung *Heavy Metal* wird oft als Überbegriff für die verschiedenen Gruppierungen dieses Musikstils verwendet. Z.B.:

Hard Rock, Death Metal, Black Metal, White Metal, Speed Metal, Heavy Rock, Hard Core etc.

Die "Urväter" des Heavy Metal:

Uriah Heep

Led Zeppelin

Black Sabbath

Name: Klasse: Datum:

Die Entwicklung der Rockmusik

1900

Country- und Westernmusik **Gospelsongs** **Rhytm & Blues**

1956

Rock 'n' Roll

Buddy Holly

Elvis Presley
Chuck Berry

Jerry Lee Lewis
Little Richard

Bill Haley
Fats Domino

1960

Beat

The Beatles

Jimi Hendrix
Bob Dylan

The Rolling Stones

Hard Rock **Jazz Rock** **Folk Rock** **Psychedelic Rock** **Blues Rock** **Classic Rock** **Soft Rock**

Name: Klasse: Datum:

Popmusik

Unter Popmusik versteht man die Musik, die *populär* (bekannt) ist. Früher gehörte zu dieser Musikgattung alles, was gerade aktuell war (Schlager, Filmmusik, Jazz, Western, Folklore). Später ging man von dem englischen Wort *"pop" (Stoß, Knall)* aus und man bezeichnete nur noch jene Musikrichtung als Popmusik, die auch diesen "Knall" auslöste. Die Amerikaner nannten diesen gesamten Bereich *Rock-Musik.*

Die Popmusik ist häufig Ausdruck der **Protesthaltung** von Jugendlichen. Der Protest richtet sich gegen die Erwachsenenwelt und damit gegen

1. ______________________________
2. ______________________________
3. ______________________________
4. ______________________________
5. ______________________________

Zwänge, Vorschriften und Leistungsprinzip werden strikt abgelehnt, allein unmittelbare Lusterfüllung ist vorrangig. Dabei werden die Ideale der "Hippi-Bewegung" der späten 60er Jahre erstrebt, die da sind *"love and peace"* und *"freedom"* (allerdings schrankenlose Freiheit). Häufig zeigt sich diese Protesthaltung der Jugendlichen in bestimmten *Erscheinungsformen:*

1. ______________________________
2. ______________________________
3. ______________________________
4. ______________________________
5. ______________________________
6. ______________________________

Die Popmusik ist ein Teil dieser Grundhaltung. Vielen Jugendlichen gibt sie die Möglichkeit, Hemmungen und Aggressionen abzubauen, Wünsche und Sehnsüchte zu erfüllen, baut aber oft auch eine *Scheinwelt* mit vielen Illusionen auf. Ein schmaler Grat, auf dem da Jugendliche sich bewegen: Popmusik einerseits als Hilfe zur Persönlichkeitsfindung, andererseits als Weg zu Drogen und Kriminalität.

In Beatschuppen, Dikotheken, Rockfestivals u.a. trifft man dann den "Popfan". Er scheut weder Mühe noch Kosten, um seine Idole sehen und hören zu können. Er besitzt eine Vielzahl an Photos und Posters. Für den Fan sind Schallplatten (CD's) und Stereoanlage wichtiger als Grundbedürfnisse wie Nahrung und Kleidung. Dafür gibt er viel Geld aus, und das nützen clevere Geschäftemacher und Manager. Zudem werden regelmäßig Popzeitschriften gekauft und regelrecht verschlungen. Der Popfan ist Adressat eines ganzen Industriezweiges und muss bei der Stange gehalten werden.

Aufgabe: Gibt es Möglichkeiten, sich diesen Einflüssen zu entziehen?

____

____

____

Name: Klasse: Datum:

Der Schlager

Als um 1880 ganz Wien durch Johann Strauss ins Walzerfieber versetzt wurde, entstand auch das Wort Schlager. *"Kinder, das hat eingeschlagen!"* sagten Musiker, die einen Erfolg witterten.
Dabei gab es Schlager zu allen Zeiten. Schon Goethe schrieb 1786 in das Tagebuch seiner Italienischen Reise: *"Das Liedchen von Malbrough hört man auf allen Straßen..."*
Früher wurden die Lieder mündlich überliefert oder gedruckt, ehe sie bekannt werden konnten. Heute werden die Lieder jedem unmittelbar durch Schallplatten, Rundfunk und Fernsehen zu Gehör gebracht. Deshalb folgen Erfolgsstücke schneller aufeinander, als dies früher möglich war.

Zutaten für die Herstellung von Schlagern:

Zündende Schlagzeile,
einprägsamer Refrain,
einfacher, gefälliger Text,
einfache melodische Wendungen,
allgemeine Aussagen über Gefühle, Stimmungen und Sehnsüchte,
Aufbauen von Illusionen

Zum Schlager gehört, dass er einschlägt. Er muss ein Musikstück sein, das beim Publikum große Zustimmung findet und von vielen immer gern gehört und auf Platte (CD) gekauft wird. Eine ganze Industrie kassiert damit Riesensummen. Nur wenige Schlagertitel setzen sich wirklich durch und werden zum Volltreffer: zum **Hit.**

Spezialisten der Popmusik sagen:

"Die Leute müssen denken, das sind genau meine Gefühle, das hätte ich selber in Text und Noten setzen können, wenn ich es nur hinkriegen würde!"

"Der Schlager ist das Volkslied unserer Zeit."

"Der Schlager ist so gut oder so schlecht wie die Gesellschaft, in der er produziert, gespielt und gehört wird."

"Die zu best sellers auserkorenen Schlager werden in die Hörer wie mit Eisenhämmern so lange hineingerammt, bis sie sie wiedererkennen müssen, und, wie die kompositorischen Reklamepsychologen richtig sich ausrechnen, darum lieben."

Mein Schatz, der hat's
Im Sonnenschein mit Dir allein
Im Abendrot ess' ich mein Abendbrot
Ich sitz' so gerne in der Taverne
Hinter den Bergen bei den sieben Zwergen
Ach, wären wir zwei doch auf Hawaii
Der Abschied vom Meer war allzu schwer
Mutter, ist alles in Butter?
Der weiße Sand in deiner Hand
Zum letzten Mal im Zillertal
Frei wie der Wind wir zwei nun sind

Aufgabe:
Erfinde weitere einprägsame Schlager-Refrains!

Name: Klasse: Datum:

Stars und Sternchen

In Jugend- und Musikzeitschriften erfahren die Popmusikfreunde alles Wissenswerte und Interessante über "ihren" Star oder "ihre" Gruppe. Eine Seite daraus kann so aussehen:

Diese Woche im Star-Album:

JOHNNIE

Eigentlich wollte er schon immer Musik machen. Doch nach dem Realschulabschluss verlangte sein Vater von ihm, dass er erst einmal einen "ordentlichen" Beruf erlernen sollte. So entschied er sich für eine Banklehre, die er jedoch auf Drängen seiner Freunde nach einem Jahr abbrach. Ein Produzent war rasch gefunden, der Johnnie unter Vertrag nahm und kurz darauf erschien sein erster Titel **"Gib mir meine Liebe zurück"**. Nach diesem Riesenerfolg landete er nun Hit auf Hit. Trotz seiner großen Popularität ist ihm der Erfolg jedoch nicht zu Kopfe gestiegen. Für seine Freunde von damals - er trifft sich noch regelmäßig einmal im Jahr mit ihnen - ist er immer noch ein "dufter Kumpel".

Privat leidet er sehr darunter, dass er nur noch wenig Zeit für seine vielen Hobbys hat: Einkaufsbummeln, in tollen Kneipen mit Freunden diskutieren und mit seiner Harley übers Land fahren.

☺ Was er gerne mag

Nette Menschen, hübsche Mädchen, nächtelang in Kneipen diskutieren, seine Freunde von "damals", seine Fans, seine erste Goldene Schallplatte, die Sonne und das Meer, gut Essen gehen, Pizzas, auch mal einen Hamburger, Action-Filme, gemütlich Fernsehen (wenn es sein Terminkalender erlaubt), Jeans, seine Harley

★

☹ Was er nicht mag

Unfreundliche Menschen, Krieg, Regentage, dass er nicht mehr so viel Zeit für seine Freunde hat, Anzüge und Krawatten, all zu aufdringliche Fans, Tierversuche, Drogen, Umweltverschmutzung, vegetarische Kost, feine Restaurants, Schnulzenfilme, Sonntagsfahrer und Radarkontrollen

Aufgaben:

1. Welche Aussagen erfährst du in *Johnnie's* Werdegang?

____

____

2. Warum wirkt *Johnnie* anhand des rechten Textes so sympathisch?

____

Name: Klasse: Datum:

Ein Schlagertext

Ich lag in der Sonne, am blauen Meer,
der Wind zerzauste mein Haar.
Die Wolken zogen von irgendwo her
und waren so weiß und klar.

Ganz leise rauschten die Palmen am Strand,
ich blickte auf's Meer hinaus.
und träumte von einem fernen Land.
Ich wollte nie mehr nach Haus.

Doch dann kam ein Schiff
gefahren durch's Riff
und Johnnie war mit an Bord.
Er schaute mich an,
und sagte mir dann:
"Komm mit nach dem fernen Ort!"

Er setzte sich dicht neben mir in den Sand,
es glänzte sein schwarzes Haar.
Da hielt er auf einmal meine Hand.
Mir war so wunderbar.

"Komm mit auf mein Schiff!", so flüsterte er
"Ich kenne ein fernes Land.
Weit draußen liegt eine Insel im Meer,
'Insel der Liebe' genannt.

Doch dann kam ein Schiff
gefahren durch's Riff
und Johnnie war mit an Bord.
Er schaute mich an,
und sagte mir dann:
"Komm mit nach dem fernen Ort!"

Doch dann kam ein Schiff ...

Aufgaben:
Erfinde zu diesem Schlagertext eine Melodie. Versuche, ein passendes Arrangement mit Instrumenten zu erfinden und gib dem Schlager einen Titel! Überlege eigene Schlagertexte und Melodien!

Name: Klasse: Datum:

Volksmusik

Vorentscheidung zum Grand Prix der Volksmusik

Live aus Ludwigshafen

Moderation: Carolin Reiber

Wettbewerbstitel:

Der Stoff aus dem die Träume sind *(Mara Kayser)*
Gondoliere *(Astrid Harzbecker)*
Der schönste Mann der blauen Berge *(Margret Almer)*
Mutter Gottes von Altötting *(Günther Behrle)*
Unter fremden Sternen *(Jens Bogner)*
Montanara, Hallelujah *(Coro Croz Corona)*
Wenn du einen Freund brauchst *(Die Zwillinge)*
Du bist das Licht *(Gaby Albrecht)*
Heimatleev *(Gruppe Liekedeler)*
Mit den Wolken zieh'n *(Tomy Temerson)*
Montagna Blu *(Oswald Sattler)*
Immer wenn's ums Geld geht *(Wolfgang Edenharder und seine Original Naabtaler)*
Wer Tränen lacht, muß keine Tränen weinen *(Kurt Elsasser)*
Und in Val Campano ist Frühling *(Bianca)*

Namhafte Interpreten stellen heute ihre Musiktitel vor. Die Zuschauer können per TED die fünf besten bestimmen, die dann beim europäischen Grand-Prix-Finale dabei sind.

Name: Klasse: Datum:

Schlager und volkstümliche Musik

Die Fernsehunterhaltung lebt seit einigen Jahren besonders von volkstümlichen Liedern, die in großen Shows dem Publikum dargeboten werden. Die Verantwortlichen sprechen von einer Wiedergeburt der "Volksmusik". Tatsächlich handelt es sich dabei immer um Lieder, die stark landschaftlich bezogen oder dialektisch gefärbt die Heimat oder die Natur besingen, vermischt mit Herz-Schmerz-Themen im Mitklatschrhythmus.

Aufgaben:

Untersuche eine Programm-Zeitschrift nach Sendungen mit volkstümlicher Musik. Notiere die Titel der Sendungen!

________________ ________________

________________ ________________

Du hörst Ausschnitte einiger Titel mit volkstümlichen Schlagern. Ergänze dazu in der Tabelle!

Titel	Schlagwörter	Erinnert an Folklore aus	Taktart

Ergänze die folgenden Sätze:

Die Lieder dieser "Volksmusik" erinnern stark an ________________.

Die typischen Instrumente der ________________ *fehlen.*

Stattdessen werden Instrumente der ________________ *verwendet,*

wie ________________________________.

Die Liedtexte handeln von ________________________________.

Anhänger dieser Musikart findet man vor allem in der ________________ *Generation.*

Musical

Entstehung des Musicals
Leonard Bernstein
West Side Story
My Fair Lady

Name: Klasse: Datum:

Name: Klasse: Datum:

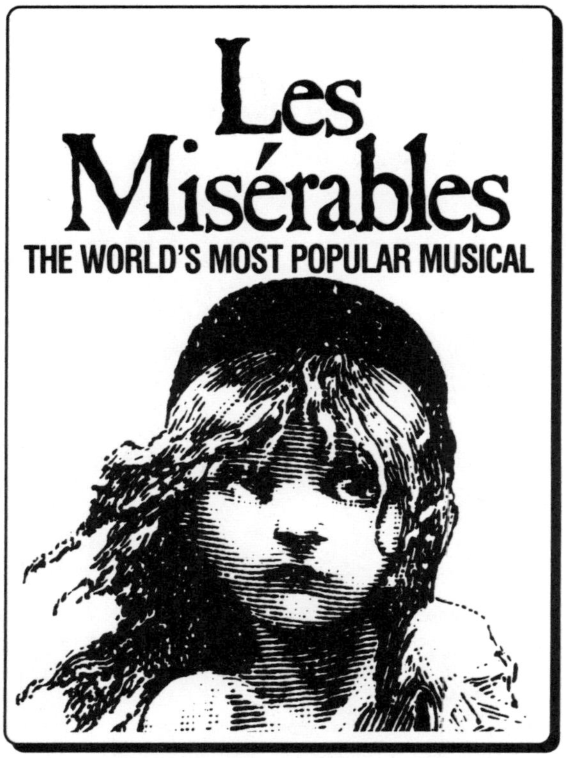

Das Musical

Das Musical ist die **amerikanische Form** der europäischen Operette. Als Inhalt werden Situationen aus dem täglichen Leben, aber auch ernsthafte Stoffe verwendet. Auf diese Weise gelangten klassische Komödien, Satiren und Romane z.B. von Shakespeare, Dickens und Shaw in entsprechender Bearbeitung auf die Bühne.

Soziale und gesellschaftskritische Probleme sind bevorzugte Stoffe für die Textbücher, zu denen der jeweilige Komponist eine Musik schreibt, die der modernen **Unterhaltungsmusik** und dem **Jazz** nahesteht.

Tänze und Chansons verlangen vom Darsteller sowohl gesangliche als auch schauspielerische und tänzerische Fähigkeiten.

Das moderne Musical ist ein Managerprodukt. Komponist und Texter sind nur Rädchen in einem verwickelten Getriebe von Business und Publicity.

Die Entstehung des Musicals

"Es gibt eine Straße, die mit Zauber gepflastert ist, 25 Meilen lang, die sich vom Süden Manhattans hinauf in den Norden zieht. Das ist das amerikanische Theater!" So beschrieb einmal der Theaterautor Arthur Miller den **Broadway**, die wohl berühmteste Straße im New Yorker Stadtteil Manhattan. Den Beginn des Musicals kann man auf das Jahr **1866** datieren, als eine französische Ballett-Truppe eine Gastspielreise nach New York antrat und in einem der Theater am Broadway eine sechsstündige Show mit Tanz- und Musikeinlagen darbot. Mit fast fünfhundert Vorstellungen war diese Mischung aus spritzigen Melodien, einer fesselnden Handlung, etwas Frivolität und spektakulären optischen Effekten ein Sensationserfolg.

Der erfolgreiche Start des amerikanischen Musicals zog unweigerlich neue Produktionen nach sich. Die Darbietungen wurden immer aufwendiger und turbulenter. Für kurze Zeit geriet das Musical in eine Krise, da der neu auf den Markt gekommene Tonfilm Publikum und Stars abzog. Doch mit der Textzeile aus dem Musical **Annie Get Your Gun** *"There's No Business Like Showbusiness"* rückte das Musical wieder ins öffentliche Interesse. Den endgültigen Siegeszug trat in den 50er Jahren das Musical mit **My Fair Lady** (Loewe) und der **"West Side Story"** (Bernstein) an. 1966 folgten **"Cabaret"** und das Hippie-Musical **"Hair"**. 1970 entstand die Rockoper **"Jesus Christ Superstar"**. Danach **"A Chorus Line"** und **"Evita"**. Ab 1982 war mit **"Cats"** der Siegeszug des Musicals nicht mehr aufzuhalten.

In der deutschsprachigen Musicalszene ist **Rolf Deyhle** der absolute King. Mit einem Vermögen von mehr als einer Milliarde Mark kaufte er bestehende Bühnen auf, baute gigantische Musikpaläste und schuf einen riesigen Musicalkonzern mit über 20 Einzelgeschäften und 1900 Mitarbeitern mit einem Jahresumsatz von etwa 240 Millionen Mark. Sein *"Stella Musical Management"* erwarb die Rechte zu den Erfolgsmusicals "Cats" und "Das Phantom der Oper".

Name: Klasse: Datum:

Das Musical

Die deutschsprachige Musicalszene wird von der *"Stella-Musical Company"* beherrscht. Mit so berühmten Erfolgsmusicals wie Cats, Das Phantom der Oper, Starlight Express oder Miss Saigon ist sie seit mehr als 10 Jahren erfolgreich und hat einen wahren Musical-Boom ausgelöst.

In der "Stella-Pressemappe" ist zu lesen:

STELLA MEDIENDIENST

Mit der deutschsprachigen Premiere des Musical-Welterfolges MISS SAIGON am 2. Dezember 1994 wurde in Stuttgart ein rund 500 Millionen Mark teurer Gebäudekomplex seiner Bestimmung übergeben, der in seiner Art einmalig in Europa ist und mit dessen vielfältigen Angeboten bislang nur Hotelpaläste wie das "Caesar's Palace" oder das "MGM Grand" in Las Vegas aufwarten können. Herzstück des Centrums ist die Musical Hall, in der achtmal pro Woche MISS SAIGON aufgeführt wird.
Im März 1996 haben die Bauarbeiten für die Erweiterung des Centrums begonnen (Gesamtinvestition: rund 300 Millionen Mark). Auf einem rund 23.000 Quadratmeter großen Grundstück wird ein zweites Musical-Theater mit 1800 Sitzplätzen entstehen, in dem Ende 1997 die Disney-Sensation DIE SCHÖNE UND DAS BIEST ihre Deutschland-Premiere erleben wird.

Bei der technischen Vorführung wird den Besuchern gezeigt, wie die sogenannten Lightcurtains (Lichtvorhänge) an Elektrozügen aus der Obermaschinerie auf die Bühne schweben. Sehr effektvoll dazu der Nebel, der aus Bodenwannen aufschwebt.

Name: Klasse: Datum:

Musical

STELLA

präsentiert

die Cameron Mackintosh Produktion

MISS SAIGON

Ein Musical von Alain Boublil und Claude-Michel Schönberg

Musik Claude-Michel Schönberg
Texte Alain Boublil, Richard Maltby, jr.
Deutsche Übersetzung Heinz Rudolf Kunze
Adaption der französischen Originaltexte Alain Boublil

Welturaufführung:
20. September 1989 Theatre Royal Drury Lane, London

Broadway-Premiere:
11. April 1991 The Broadway Theatre, New York

Deutschsprachige Erstaufführung:
2. Dezember 1994 Musical Hall, Stuttgart

Regie Nicholas Hytner

Informationen zum Musical:

Nach dem überwältigenden Erfolg von "Les Miserables" Anfang der 80er Jahre ist MISS SAIGON der zweite Musical-Hit von Alain Boublil und Claude-Michel Schönberg. Ebenso wie "Les Miserables" wurde auch MISS SAIGON von dem britischen Produzenten Cameron Mackintosh am Londoner West End herausgebracht und trat von dort aus seinen Siegeszug um die Welt an. Die Vorlage zu diesem Musical lieferte die Novelle eines unbekannten französischen Autors mit dem Titel "Madame Chrysanthemum". Boublil und Schönberg verlegtendie Handlung ins 20. Jahrhundert und ließen die unglückliche Liebesgeschichte zwischen der jungen Asiatin und dem amerikanischen Soldaten vor dem Hintergrund des Vietnamkriegs spielen. Neben der überaus aufwendigen Inszenierung und den romantischen Liebesszenen hat vor allem der zeitkritische Aspekt dieses Musicals die Kritiker weltweit begeistert.

Nach der umjubelten Uraufführung im September 1989 in London folgte im April 1991 die Broadway Premiere von MISS SAIGON und ein Jahr später eine Inszenierung in Tokio. Im Mai 1993 fand die kanadische Premiere der Show in Toronto statt. Die Produktionen von MISS SAIGON laufen vor regelmäßig ausverkauften Häusern, allein in London sahen bislang rund 4,5 Millionen Menschen dieses faszinierende Musical, weltweit wurden inzwischen über 14,5 Millionen Besucher gezählt. Nach der deutschsprachigen Erstaufführung am 2. Dezember 1995 in Stuttgart wurde im Juli 1995 die australische Premiere in Sydney gefeiert. Im Oktober 1996 wird MISS SAIGON außerdem in Kopenhagen auf die Bühne gebracht, Ende November ist die Premiere des Welterfolgs dann in Amsterdam geplant.

Die fantastischen Gesangsleistungen der Darsteller, die zu einem großen Teil Asiaten sind, machen MISS SAIGON ebenso zu einem unvergesslichen Musical-Erlebnis wie die aufwendige Bühnentechnik. Ein in realer Größe auf der Bühne landender Hubschrauber und eine rund sechs Meter große Statue des Diktators Ho Chi Minh gehören dabei zu den Höhepunkten.

Name: Klasse: Datum:

Das Musical

MISS SAIGON

Zahlen, Daten, Fakten

Stand: März 1996

STELLA MEDIENDIENST

Allgemeine Zahlen:

- Bisher über 1 Million Besucher
- Auslastung seit der Premiere (2. Dezember 1994): 100%

Musical Hall Stuttgart:

- Gesamtleiter des Projektes: Dipl. Ing. Walter Veyhle
- Architekten: Schwarz & Schwarz (Stuttgart) und RHWL (London)
- Bauzeit: 13 Monate (Juli 1993 bis August 1994)
- Produktionskosten: 20 Millionen Mark. MISS SAIGON ist damit derzeit die aufwendigste Bühnenproduktion in der Bundesrepublik
- 100 000 Kubikmeter umbauter Raum
- 35 Meter hohes Bühnenhaus
- 2000 qm Foyerfläche

Theaterraum:

- Zweirangtheater mit ansteigendem Gestühl
- 1800 Sitzplätze
- Die maximale Sichtentfernung von den hintersten Stuhlreihen zum Bühnenrand liegt bei 29,50 Metern
- 84 Lautsprecher sorgen für den guten Ton, allein 14 davon sind für die Geräuschwiedergabe des Hubschraubers installiert

Ensemble:

- 38 Darsteller pro Vorstellung auf der Bühne
- 57 Sänger und Tänzer im Ensemble
- Im Orchestergraben spielen bei jeder Show 30 Musiker

Name: Klasse: Datum:

Das Musical

MISS SAIGON

Zahlen, Daten, Fakten

Stand: März 1996

STELLA MEDIENDIENST

Bühne:

- Insgesamt 900 qm Bühnenfläche mit acht Prozent Steigung (bestehend aus Hauptbühne, Hinterbühne und zwei Seitenbühnen)
- Zwei Unterbühnen mit insgesamt 800 qm Fläche
- Die Beleuchtung verfügt über 600 Scheinwerfer und über 660 Dimmer. Mit dem einzig fest installierten "Vari Lite-System" in Deutschland können in Sekundenbruchteilen 24 Scheinwerfer bewegt werden, die unterschiedlichste Muster und Farben auf den Bühnenboden projizieren.
- Die Schnürbodenhöhe beträgt 24 Meter. Von hier aus wird über ein computergesteuertes Pult die Obermaschinerie bedient: 83 Lastzüge, an denen verschiedene Dekorationsteile bewegt werden.
- 17 Kulissen und Requisiten, darunter auch der Cadillac, werden automatisch auf die Bühne gefahren
- Pro Vorstellung gibt es mehr als 40 verschiedene Szenenwechsel, bei einigen wird die Bühne innerhalb von weniger als 20 Sekunden komplett verwandelt.
- Spektakulärster Effekt ist die Landung des Hubschraubers - eine Nachbildung des US-Hubschraubers Huey in Originalgröße. Die Rotorblätter - acht Meter Durchmesser - drehen sich mit 150 km/h.
- Zweistündiger Bühnencheck vor jeder Show

Backstage:

- Über 200 Mitarbeiter sind hinter den Kulissen beschäftigt
- 2 Bühnenmeister und 19 Maschinentechniker, 2 Beleuchtungsmeister mit 12 Beleuchtern und 8 Tontechniker sorgen für eine reibungslose Technik.
- 8 Requisiteure sind für die Dekoration zuständig
- In der Maske stellen 7 Mitarbeiter handgearbeitete Perücken und Masken her. Außerdem helfen sie den Künstlern beim Schminken und Frisieren.
- 29 Dresser helfen während der Vorstellung beim An- und Ausziehen
- Es stehen insgesamt 2000 Kostümteile und 700 Paar Schuhe zur Verfügung
- 13 Mitarbeiter in den Kostümwerkstätten sorgen dafür, dass jeder Kimono, jede Uniform und jede Hose exakt passt. Die Bangkok-Bikinis sind zum Teil mit mehr als 2000 Straßsteinen und 4000 Perlen verziert.

Name: Klasse: Datum:

Das Musical

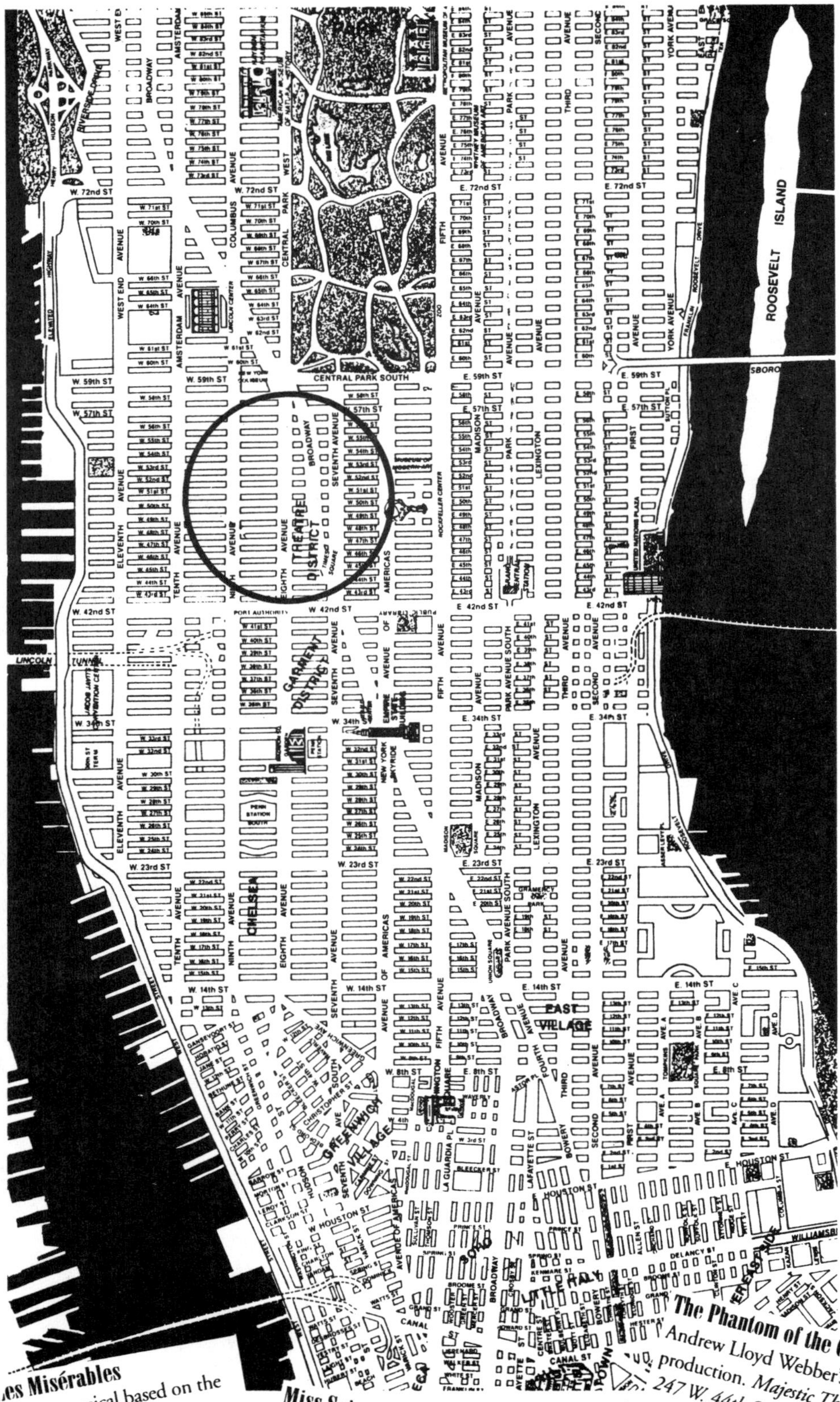

Les Misérables
The hit musical based on the Victor Hugo classic about a fugitive pitted against a police inspector in a life-long struggle to evade capture. *Imperial Theatre, 249 W. 45th St./239-6200.*

Miss Saigon
The hit musical about the tragic love affair between a Vietnamese girl and an American soldier at the end of the war. *Broadway Theatre, Broadway at 53rd St./239-6200.*

Sunset Boulevard
Betty Buckley stars as Norma Desmond in Andrew Lloyd Webber's new Tony Award-winning musical based on Billy Wilder's classic 1950 film. *Minskoff Theatre, 200 W. 45th St./307-4007.*

The Phantom of the Opera
Andrew Lloyd Webber's hit production. *Majestic Theatre, 247 W. 44th St./239-6200.*

Auf dem Ausschnitt des Straßenplanes von Manhattan, dem berühmtesten Stadtteil von New York, kann man den **Broadway** gut erkennen. Er ist die mehr als 20 km lange Straße, in deren Nähe sich die meisten Theater befinden:

Virginia
NEIL SIMON
Gershwin
Circle in the Square
Winter Garden
Ambassador
Eugene O'Neill
Walter Kerr
Longacre
Cort
Ethel Barrymore
Brooks
Atkinson
Palace
Lunt- Fontanne
RICHARD RODGERS
Marquis
Imperial
Music Box
Lyceum
Martin Beck
John Golden
Royale
Plymouth
Booth
Roundabout
Minskoff
Majestic
Broadhurst
SHUBERT
Belasko
Helen Hayes
NEDERLANDER

Name: Klasse: Datum:

Das Musical

Szene aus "A CHORUS LINE". In diesem Musical wird die Wirklichkeit Theater und das Theater Wirklichkeit. Es geht darum, wie schwer es ist, Arbeit als Tänzer zu bekommen. Von z.B. 1500 Tänzern, die bei einem Broadway-Musical mitwirken wollen, bleiben bei der letzten Auswahl nur 10 oder 20 übrig.

Andrew Lloyd Webber ist der begnadete Musiker und Komponist, der mit seiner "Really Useful Company" die internationale Musicalszene beherrscht. Der englische Musiker ist aber auch ein cleverer Geschäftsmann mit dem Gespür für Erfolg. Seine Company, die bereits zwei Theater in London unterhält, drängt mit aller Macht auf das europäische Festland und beabsichtigt, weitere Theater in Deutschland, Italien, Frankreich, Spanien und der Schweiz aufzukaufen, in denen Webbers Musicals gespielt werden.
Sein Privatvermögen beläuft sich auf etwa 900 Millionen Mark mit einer täglichen Wachstumsrate von ca. 300.000.-DM durch Einnahmen aus den Copyrights (Urheberrechte).

Webber erhielt von seiner Mutter Klavierunterricht. Mit acht Jahren lernte er Violine und Waldhorn. Sein Vater, der selbst Komponist und Direktor am Londoner College of Music war, machte den Sohn in frühem Kindesalter mit der klassischen Musik vertraut. Andrew hatte eine starke Vorliebe für die Opern des 18. und 19. Jahrhunderts. Da er aber in einer Zeit der Rockmusik, Hippies und Beatles aufwuchs, suchte er nach einer Verbindung zwischen Oper und Rock.

Die Erfolgsmusicals des Andrew Lloyd Webber:

Joseph
Jesus Christ Superstar
Evita
Cats
Starlight Express
Das Phantom der Oper
Song and Dance
Aspects of Love
Sunset Boulevard

Name: Klasse: Datum:

Musicals

Die Musicalszene in Deutschland boomt wie nie zuvor. Musicals sind im letzten Jahrzehnt zum Publikumsmagneten der Deutschen aufgestiegen. Immer neue Traumfabriken entstehen; unterschiedlichste Inhalte und Musikrichtungen werden vermittelt. Was fasziniert Millionen von Menschen an dieser Glitzerwelt?

Sunset Boulevard

Das musikalische Melodram von Andrew Lloyd Webber erzählt die Geschichte der einstigen Stummfilmdiva Norma Desmond und ihres verzweifelten Versuchs, die Leinwand zurückzuerobern. Ihre Hoffnungen klammert sie an die Liebesbeziehung zum jungen aber erfolglosen Drehbuchautor Joe Gillis. Er sieht in Norma die Chance seines Lebens und gleichzeitig die Eintrittskarte in die Glamourwelt Hollywoods. Seine Liebe jedoch gilt der hübschen Autorenkollegin Betty Schaefer. Doch Joe ist gefangen im goldenen Käfig - das Schicksal nimmt seinen dramatischen Lauf ...

Tommy

Infolge eines traumatischen Erlebnisses entzieht sich der vierjährige Tommy völlig der Realität - er wird blind, taub und stumm. Seine Kindheit ist geprägt von verzweifelter Suche nach Zuwendung, von Einsamkeit und qualvollen Erfahrungen mit der Welt der Erwachsenen. Durch die Entdeckung seiner phänomenalen Begabung am Flipperautomaten wird Tommy zum Idol einer enthusiastischen Fangemeinde und steht bald an der Spitze des Showgeschäftes. Stück für Stück durchbricht er die Mauern der Isolation und findet am Ende sein wahres Ich.

Name: Klasse: Datum:

Musicals

Die Schöne und das Biest

Disney's "Die Schöne und das Biest" ist die Geschichte von Belle, einem jungen Mädchen, das in einem kleinen Dorf in Frankreich lebt und von einem jungen Prinz, der durch den Fluch einer Zauberin in ein Biest verwandelt wurde. Erst wenn das Biest zu lieben lernt und wiedergeliebt wird, wird der Fluch von ihm genommen. Doch die Zeit läuft. Wenn es dem Biest nicht bald gelingt, durch die Liebe eines Menschen erlöst zu werden, wird er mitsamt seinem Hofstaat für alle Ewigkeit untergehen.

Phantom der Oper

Die Geschichte eines entstellten Mannes, der in den Kellern der Oper von der Liebe zur Musik und zur schönen, wie jungen Sängerin Christine Daaé lebt. Sie entführt er in sein Reich, bekennt ihr seine Leidenschaft und setzt die Operndirektoren unter Druck: entweder man spielt seine Werke mit Christine in der Hauptrolle, oder sie kehrt nie wieder zurück. Um seinen Forderungen Nachdruck zu verleihen, passieren schreckliche, rätselhafte, mysteriöse Dinge ...

Cats

Ein nicht nur inhaltlich ungewöhnliches Musical, es unterscheidet sich auch optisch von allem bisher Dagewesenen. Abfallberge auf einem Hinterhof, alte Reifen, verbeulte Dosen, alte Zeitungen. Ein schimmernder Mond verleiht der Kulisse eine gespenstisch-mystische Atmosphäre. Ebenso geheimnisvoll sind die Wesen, die sich inmitten all dieses Gerümpels finden: die Katzen ...

Buddy-Holly-Story

Live-Übertragung einer Show im örtl. Radiosender. Statt der vereinbarten Country-Songs spielt ein 19 Jahre junger Musiker und seine Band Rock'n Roll - ein Aufschrei geht durch das Städtchen. Man ist entsetzt, man ist begeistert! Bald winkt ein Plattenvertrag und die große Zukunft der Rockmusik beginnt. Der Aufstieg des "Buddy Holly" mit seinen bekannten Songs wie "Peggie Sue", "Oh Boy", "That'll be the day".

Name: Klasse: Datum:

Musicals

Szenen aus Andrew Lloyd Webber's PHANTOM DER OPER

Er sang, sobald ich schlief,
und kam mir nach ...
mir schien, daß er mich rief
und mit mir sprach ...
Träum ich denn immer noch?
Ich fühl es hier.
Phantom der Oper,
Du bist mir ganz nah,
Du lebst in mir.

Andrew Lloyd Webber

Name: Klasse: Datum:

Musicals

Starlight Express

Erleben Sie einen Höhepunkt der Musikwelt - die rasante - einzigartige Rollschuh-Bühnenshow. Eine packende Eisenbahngeschichte, präsentiert durch eine erstaunliche Rollschuh- Choreographie. Ein hautnahes Erlebnis mit atemberaubender Geschwindigkeit einer bezaubernden und romantischen Liebesgeschichte, bizarren Kostümen und Masken und einer verblüffenden Bühnentechnik.

Miss Saigon

Vietnam im April 1975. In einem Nachtclub verliebt sich der junge CI Chris in die 17-jährige Kim, die dort als Animiermädchen arbeitet. Das große Liebesglück der beiden endet jedoch mit dem Abzug der amerikanischen Truppen. Mit allen Mitteln versucht Chris den Albtraum Vietnam und "Miss Saigon" zu vergessen.
Eine der großartigsten Liebesgeschichten unseres Jahrhunderts: Das Musical um Liebe und Krieg.

Les Misérables

Die Geschichte des Sträflings Jean Valjean, der beschließt, ein neues Leben zu beginnen und sich fortan für die Rechte der Schwachen einsetzt. Les Misérables - das ist auch die Geschichte des Waisenkindes Cosette und ihrer Liebe zu dem jungen Marius, den Jean Valtjean vor dem Tod auf den Barrikaden rettet. Vor allem aber ist es ein Musical um Gerechtigkeit und Liebe, um Armut und Ideale - und um den Aufstand der Geknechteten im Frankreich des 19. Jahrhunderts.

Name: Klasse: Datum:

Musicals

Die hauptsächlich in *Nordamerika* entstandenen Musicals unterscheiden sich von den verschiedenen europäischen Operetten- und Revue-Formen weniger in textlicher Hinsicht, als vielmehr durch die Art der Präsentation. Ausgerichtet auf besonders große *Bühnenwirksamkeit* stehen solistische Darstellungen von Gesang, Akrobatik und vor allem Solo-Tänze im Vordergrund neben Gruppentanzszenen. Ständige Spannung und schnelle Bilderfolge sind ebenfalls Kennzeichen der stark auf den jeweiligen Publikumsgeschmack ausgerichteten Stücke. In musikalischer Hinsicht sind es häufig einzelne Songs, die für den Erfolg ausschlaggebend sind und je nach musikalischer Ausrichtung bezeichnet man heute einzelne Musicals auch als *Pop- oder Rock-Musicals.*

Dies sind die bekanntesten Musicals und deren Komponisten:

Show Boat — Jerome D. Kern (1885-1945)

Annie Get Your Gun — Irving Berlin (1888-1989)

Kiss Me, Kate!
Can-Can — Cole A. Porter (1893-1964)

Porgy and Bess — George Gershwin (1898-1937)

Oklahoma
South Pacific
The King and I — Richard Rodgers (1902-1979)

My Fair Lady — Frederick Loewe (1904-1988)

Fanny — Harold Rome (1908-1993)

West Side Story — Leonard Bernstein (1918-1990)

Der Fiedler auf dem Dach < Anatevka > — Jerry Lewis Bock (geb. 1928)

Hallo, Dolly! — Jerry Herman (geb.1930)

Pyjama Game — Richard Adler (geb. 1923)

Hair — Galt Mac Dermont (geb. 1928)

A Chorus Line — Marvin Hamlisch (geb. 1944)

Tommy — Pete Townshend (geb. 1945)

Jesus Christ Superstar
Joseph
Evita
Cats
Starlight Express
Das Phantom der Oper
Aspects of Love
Sunset Boulevard — Adrew Lloyd Webber (geb. 1948)

Keep Cool — Gregory Wachter (geb. 1965)

Name: Klasse: Datum:

Leonard Bernstein

(1918 - 1990)

Es gab nicht viele Musiker, die so vielseitig waren wie er: Als *Komponist, Dirigent, Pianist, Buchautor, Pädagoge, Fernsehstar und Festivalanimateur* war Leonard Bernstein eine Weltberühmtheit und ein Qualitätsbegriff.

Bernstein wurde am 25. August 1918 in Lawrence (USA) geboren und erhielt seine musikalische Ausbildung ausschließlich in Amerika. Seit 1958 war er Chefdirigent der New Yorker Philharmoniker. 1969 gab er dieses Amt auf, um sich mehr seinen Kompositionen widmen zu können. Gleichzeitig war er aber auch Gastdirigent in aller Welt, spielte zahlreiche Schallplattenproduktionen ein, organisierte Musik-Festivals und hielt Kurse für junge Dirigenten.

Als Bernstein am 14. Oktober 1990 in New York unerwartet früh verstarb, verlor die Musikwelt einen ihrer international bekanntesten und wirkungsmächtigsten Vertreter.

Leonard Bernstein komponierte das Musical **"West Side Story"**, das Anfang der 50er Jahre in der "West Side", einem Stadtteil von New York, spielt.

In diesem Musical stehen sich zwei jugendliche Banden feindlich gegenüber, die durch temperamentvolle Musik und gewaltige Tanzszenen dargestellt werden. Bernstein führte mit der "West Side Story" das typisch amerikanische Musical auf eine bis dahin unerreichte und nicht wieder übertroffene Höhe. Viele Lieder des Musicals wurden unter den Jugendlichen der ganzen Welt populär.

Leonard Bernstein

"Warum reagieren wir auf Töne? Erklären kann man es nicht, aber es ist so: Wir Menschen - jeder Rasse und Hautfarbe - lassen uns von Musik bewegen, hören mit dem größten Genuss Tönen zu, die auf bestimmte Weise geordnet sind.

Unsere Reaktionen reichen von der animalischen Erregung bis zur höchsten geistigen Erhebung. Musik vermag stärkste Gefühle in uns auszulösen. Und Musik bringt uns ohne Worte mit anderen in Kontakt. Sie zielt direkt auf den Herzpunkt - ob es Beethovens "Eroika" im Konzertsaal für 2000 oder Tina Turner in einer Rock-Nacht open air für 20000 ist. Musik kann Schranken überspringen, unsere guten Kräfte wecken, Trennendes unwichtig machen.

Nehmen wir es als eines der schönsten Wunder dieses Lebens hin, dass wir Menschen uns unter dem Einfluss von Musik einander näher fühlen."

Name: Klasse: Datum:

West Side Story

Musical von Leonard Bernstein

"Balkonszene" aus der West Side Story mit Maria (Natalie Wood) und Tony (Richard Beymer) in der Verfilmung von Robert Rise (1961)

West Side Story

New Musical in 2 Akten
Text von Arthur Laurents nach einer Ideee von Jerome Robbins
Songtexte von Stephen Sondheim
Uraufführung: New York 1957

Personen:

Die Jets, eine New Yorker jugendliche Straßenbande:
Riff, der Anführer
Tony, sein Freund
Action, A-rab, Baby John, Big Deal, Diesel, Gee-Tar, Mouthpiece, Tiger

Ihre Mädchen:
Graziella, Velma, Pauline, Minnie, Clarice, Anybodys

Die Sharks, eine New Yorker Straßenbande jugendlicher puertorikanischer Einwanderer:
Bernardo, der Anführer
Chino, sein Freund
Indio, Louis, Anxious, Nibbles, Juano, Toro, Moose

Ihre Mädchen:
Maria, Bernardos Schwester und Tonys Freundin
Anita, Bernardos Freundin
Rosalia, Teresita, Estella, Marguerita, Consuelo, Francisca

Die Erwachsenen:
Doc, ein Drugstorebesitzer
Krupke und Shrank, Polizisten
Gladhand, Mitarbeiter des Jugendklubs

Ort und Zeit: New York, in den 50er Jahren

Name: Klasse: Datum:

West Side Story

Musical von Leonard Bernstein

In diesem Musical geht es um den Konflikt zwischen den gebürtigen (weißen) New Yorkern und den farbigen Einwanderern aus Puerto Rico. Wie alle Einwanderer haben auch sie die gleichen Schwierigkeiten: Missachtung durch die Weißen, Arbeitslosigkeit und schlechte Lebensbedingungen. Jerome Robbins hatte die Idee, den Romeo-und-Julia-Stoff für ein Musical zu verwenden.

Die Handlung:

*In New Yorks West Side bekämpfen sich zwei Jugendbanden. Die Jets, angeführt von **Riff,** betrachten sich selbst als echte Amerikaner. Sie wollen die Sharks, eine Puerto-Rico-Bande, die von **Bernardo** angeführt wird, herausfordern. Riff braucht Verstärkung, bevor der Kampf losgeht und überredet **Tony,** ein früheres Bandenmitglied, ihm zu helfen. Während des Tanzabends, wo die beiden Banden aufeinander losgehen sollen, verliebt sich Tony in **Maria**, die Schwester von Bernardo, der ja der Führer der anderen Bande ist. Tony gelingt es, die Jets und die Sharks zu überreden, ohne Waffen zu kämpfen. Wütend über Tony und Maria zieht Bernardo ein Messer und tötet Riff. Tony reagiert seinerseits mit Gewalt, er tötet Bernardo, worauf sich die beiden Banden einen schonungslosen Kampf geben. Der endet erst, als sie die Trillerpfeife der Polizei hören und verlassen das Kampffeld, auf dem Riffs und Bernardos tote Körper zurückbleiben. Bernardos Verlobte **Anita** besucht Maria, um sie dazu zu bringen, ihr Verhältnis mit Tony zu brechen. Davon will Maria nichts wissen, sie bittet statt dessen Anita, Tony aufzusuchen, um ihn vor der Rache der Puerto-Rico-Bande zu warnen. Die beiden treffen sich, aber **Chino** von den Sharks entdeckt sie und erschießt Tony. Die Jets und die Sharks sind geschockt von allem, was passiert ist und entscheiden sich für den Waffenstillstand.*

Zwei jugendliche Gangs aus den Slums von New York stehen sich feindlich gegenüber:

Die weißen Jets (Düsenjäger) **Die farbigen Sharks (Haie)**

Ihre Anführer sind _________ und _________ . Ihr Anführer ist ___________________________ .

Name: Klasse: Datum:

West Side Story

Leonard Bernstein, der Komponist des Musicals, stellt die beiden rivalisierenden Banden musikalisch durch den **Jazz** und **südamerikanische Rhythmen** dar.

Die Jets singen:

"We are Jets, the greatest!"
In ihrem Song fühlen sie sich den farbigen Puerto Ricanern überlegen.

Jazz-Musik

Die Sharks singen:

"I like to be in America!"
In diesem Lied verspotten die farbigen Jungen und Mädchen ihre eigene Lage.

Rumba aus Lateinamerika

Beim einem Tanzfest treffen sich die beiden feindlichen Gruppen und legen einen Zeitpunkt für ihren Kampf ("The Rumble") fest. Hier kann man gut heraushören, ob ein Tanz von den Jets oder den Sharks getanzt wird: Die Jets werden durch den **Blues**, die Sharks duch den **Mambo** dargestellt.

Auf diesem Tanzfest begegnen sich Tony und Maria zum erstenmal und verlieben sich ineinander. Tony geht durch das nächtliche New York, denkt an Maria und daran, wie er die beiden feindlichen Parteien versöhnen kann.

Bernstein komponierte in dem Song *"Maria"* eine Musik, die an Operette oder Schlager erinnert.
Doch so einfach die Melodie auch klingen mag, sie verlangt vom Sänger eine große Höhe und Ausdruck in der Stimme.

"The most beautiful sound I ever heard: Maria, Maria, Maria, Maria.
All the beautiful sounds of the world in a single word: Maria, Maria ... I've just met a girl named Maria and suddenly that name will never be the same to me.

Maria, I've just kissed a girl named Maria and suddenly I've found how wonderful a sound can be, Maria,
Say it loud and there's Music playing.
Say it soft and it's almost like praying.
Maria, I'll never stop saying: Maria ..."

Tony und Maria können sich nur heimlich treffen. "Come down" ruft er zu Marias Balkon hinauf und nun beginnt eine der bekanntesten Szenen des Musicals: Das Duett *"Tonight"*.
Eine sanfte Cello-Melodie spielt die Einleitung. Der Refrain "Tonight" wird zuerst von Maria gesungen, dann von Tony und schließlich von beiden im Duett.

Name: Klasse: Datum:

West Side Story

In einer Kneipe treffen sich die beiden feindlichen Gangs und besprechen die "Regeln" für den bevorstehenden Kampf.

Noch einmal erkingt *"Tonight"*, jetzt jedoch in einem anderen Ton. Für die Jets und die Sharks hat "Tonight" eine ganz andere Bedeutung. Tony und Maria singen ihr "Tonight" dazwischen. Achte auf den Gegensatz !

Der Kampf ("The Rumble") zwischen den beiden verfeindeten Gruppen endet für Riff und Bernardo tödlich. Chino von den Sharks erschießt Tony. Sterbend liegt er in den Armen Marias, und beide träumen von einer Zeit, in der es keinen mehr Hass gibt, sondern nur Frieden und Versöhnung:

"There's a place for us,
Somewhere a place for us,
Peace and quiet and open air
Wait for us
Somewhere."

Maria:
"Only you, you're the only thing I'll see forever, in my eyes, in my words and in everything I do, nothing else but you, ever."

Tony:
"And there's nothing for me but Maria. Every sight that I see is Maria."

Maria:
"Tony! Tony!"

Tony:
"Only you, every thought I'll ever know, everywhere I go you'll be, you and me."

Maria:
"Oh the worls is only you and me."

Maria:
"Tonight, tonight, it all began tonight, I saw you and the world went away. Tonight, tonight, there's only you tonight, what you are, what you do, what you say."

Tony:
"Today, all day I had the feeling, a meracle would happen. I know now I was right."

Tony u. Maria:
"Oh here you are and what was just a word is a star, tonight."

Duett:
"Tonight, tonight, the world is full of light, with suns and moons all over the place. Tonight, tonight, the world is wide and bright, going mad, shooting sparks into space.
Today the world was just an adress, a place for me to live in, no better than all right.
But here you are and what was just a word is a star, tonight.
Good night, good night, sleep well and when you dream, dream of me, tonight."

Aufgaben:

1. Du hörst drei Ausschnitte aus der "West Side Story". Ordne sie den musikalischen Begriffen zu!

Rumbarhythmus	**Jazz**	**Operettenmelodie**
Beispiel Nr.	Beispiel Nr.	Beispiel Nr.

2. Ordne die folgenden Namen und Begriffe den Jets, bzw. den Sharks zu: *Südamerik. Tanzrhythmus, Maria, Blues, Bernardo, Jazzrhythmus, Tony, Riff, Rumbarasseln, Anita, Fingerschnalzen, Chino*

Jets	**Sharks**

Name: Klasse: Datum:

America

aus der "West Side Story"

Name: Klasse: Datum:

My Fair Lady

Musical von Frederick Loewe

My Fair Lady. Amerikanischer Spielfilm von 1964. Audrey Hepburn als Eliza Doolittle

My Fair Lady

Musical in zwei Akten - Text von Alan Jay Lerner
nach der Komödie "Pygmalion" von George Bernard Shaw
Deutschsprachige Fassung von Robert Gilbert
Uraufführung: New York 1956

Personen:

Professor Henry Higgins
Eliza Doolittle
Alfred P. Doolittle, ihr Vater
Oberst Pickering
Mrs. Higgins, die Mutter des Professors
Mrs. Pears, Hausdame
Freddy Eynsford-Hill
Mrs. Hill, seine Mutter
Harry
Jamie
Professor Karpathy
Die Königin von Transsylvanien
Mrs. Hopkins
Butler und Zofen bei Professor Higgins
Damen und Herren der englischen Gesellschaft
Cockneys, Händler, Marktfrauen, Gaukler

Ort und Zeit: London 1912

Name: Klasse: Datum:

My Fair Lady

Frederick (Friedrich) **Loewe (1904-1988)** wurde in Wien geboren und folgte seinem Vater, dem Opernsänger Edmund Loewe, 1924 nach New York. Nach schwerem Anfang als Pianist in einem Nachtklub gelang ihm gemeinsam mit *Alan Jay Lerner* ab 1942 mehr und mehr der Durchbruch am Broadway. Seine Erfolge hatten einen ersten Höhepunkt mit dem Musical "Brigadoon", das nach der Uraufführung 1947 fünfhundertachzig Vorstellungen erlebte. Die Zusammenarbeit zwischen dem Komponisten Loewe und dem Librettisten Lerner gipfelte in dem Musical "My Fair Lady", das wohl als der größte Erfolg der modernen Theatergeschichte bezeichnet werden kann.

Die Handlung:

Am Portal der Londoner Covent-Garden-Oper trifft Professor Henry Higgins auf das Blumenmädchen Eliza. Stärkstens interessiert an allen Abweichungen von der Muttersprache, an seltsamen Wendungen und "abgeschliffenen" Jargon-Ausdrücken, sieht er in Eliza ein geradezu ideales neues Studienobjekt. Er und sein Freund, Oberst Pickering, könnten ihr sicher schnell das Benehmen und die Aussprache einer Lady beibringen. Eliza Doolittle belauscht das Gespräch und erscheint am nächsten Tag im Hause des Professors. Die Schulung ihrer Stimme und ihres ganzen Habitus kann beginnen ...
Mit der Zeit lernt Eliza, richtig zu sprechen, sich richtig zu benehmen und noch dies und das. Hin und wieder wird sie rückfällig, so dass Higgins schon nahe daran ist, das Experiment aufzugeben; dann aber zeigt sich die Schülerin wieder so willig und anpassungsfähig, dass der Herr Professor zufrieden lächelt. Beim traditionellen Ascot-Rennen wird Eliza in die High Society eingeführt. Sie leistet sich eine Serie köstlicher "Entgleisungen". Der elegante Freddy, aus dem Hause der noblen Familie Eynsford-Hill, verliebt sich in Eliza. Er macht ihr schöne Augen und hofft auf ein Wiedersehen. Einige Tage später wird Eliza zum Diplomatenball mitgenommen. Ihr selbstsicheres Auftreten bestätigt den Erfolg der konsequenten Higginschen Lehre. Nach der Heimkehr beglückwünschen sich Higgins und Oberst Pickering - und vergessen in ihrem Pädagogenstolz, dass Eliza selbst auch einiges zum Erfolg ihrer Methode beigetragen hat. Eliza ist beleidigt und läuft aus dem Haus. Draußen stolpert sie beinahe über Freddy. Er gesteht ihr seine Liebe. Eliza zeigt sich nicht übermäßig beeindruckt und vertröstet den Verehrer.
Als Henry Higgins am nächsten Morgen aufwacht und sein "Versuchskaninchen" vermisst, wird er böse und macht sich über die Frauen lustig. Wenig später findet er die kleine Ausreißerin im Hause seiner Mutter wieder. Eliza hatte sich zum Mrs. Higgins geflüchtet, um bei ihr Trost und Mitgefühl zu finden. Der Professor wagt sich zu einem Versöhnungsversuch vor, doch Eliza bleibt fest. Allein wandert Higgins nach Hause. Er ist nachdenklich und fühlt, wie sehr Eliza schon sein Leben verändert hat - nicht nur in wissenschaftlicher Beziehung. Wie er so, vertieft in Zukunftsgedanken, dasitzt, öffnet sich leise und langsam die Türe: Eliza steht auf der Schwelle.

In sechseinhalb Jahren erlebte dieses Musical am Broadway mehr als 2700 Aufführungen. Nicht nur auf Tourneen in den USA, sondern auch in vielen Aufführungsserien außerhalb der Vereinigten Staaten und vor allem in Europa, hat "My Fair Lady" Triumphe gefeiert, die dieses Werk zu einem der herausragenden Erfolge in der Theatergeschichte gemacht haben. Dieser Erfolg basiert auf der besonders glücklichen Verbindung von Text und Musik. Viele der Songs sind in der Originalsprache und auch in ihrer deutschen Übersetzung zu großen Schlagererfolgen geworden.

Name: Klasse: Datum:

My Fair Lady

Eliza Doolittle, das einfache Blumenmädchen, wird durch den Sprachunterricht von Professor Henry Higgins und die Einführung in die Benimm-Regeln der Londoner Gesellschaft durch Oberst Pickering zur Dame. Zwei Welten treffen aufeinander:

Elizas Welt	***Higgin's Welt***
____________________	____________________
____________________	____________________
____________________	____________________
____________________	____________________

Das Ende bleibt offen.

Higgins: *"Eliza! Where the devil are my slippers?*
Wo, verdammt sind meine Pantoffeln?"

Hörbeispiel:

Es grünt so grün

Es grünt so grün, wenn Spaniens Blüten blühen!
Ich glaub', jetzt hat sie's!
Es grünt so grün, wenn Spaniens Blüten blühen!
Bei Gott, jetzt hat sie's!
Noch einmal! Wann ergrünt das Grün?
Wenn die Blüten erblüh'n.
Und was macht dann das Grün?
Es grünt so grün.

The rain in Spain

The Rain in Spain stays mainly in the plain!
I think she's got it!
The rain in Spain stays mainly in the plain!
By George, she's got it!
Now; once again, where does it rain?
On the plain! On the plain!
And where's that soggy plain?
In Spain! In Spain!

Aufgabe: Erfinde selber Sprüche, in denen **ein** Laut gehäuft auftaucht!

____

____

____

____

Name: Klasse: Datum:

My Fair Lady

Die Musik ist eingängig und gefällig und erinnert stark an die Wiener oder Berliner Operette. Die Darsteller können keinem bestimmten Gesangsfach zugeordnet werden. Es sind meist Schauspieler mit einer brauchbaren Stimme, aber keiner Ausbildung zum Sänger.

Robert Gilbert gelang es, die fertigkomponierte Musik in eine andere Sprache zu übertragen ohne dadurch den internationalen Erfolg des Stückes zu gefährden. Der englische Originaltext von Alan Jay Lerner wurde gekonnt mit dem Berliner Dialekt verknüpft.

Alle Songs aus dem Musical haben nach mehr als dreißig Jahren seit der deutschsprachigen Erstaufführung in Berlin im Theater des Westens ihren Evergreen-Charakter behalten und sind ein fester Bestandteil im Repertoire der Unterhaltungsmusik geworden.

Die wichtigsten Titel in der deutschen Bearbeitung:

"Wäre det nich wundascheen" - "Mit 'nem kleenen Stückchen Glück" - "Wart's nur ab Mr. Higgins"
"Es grünt so grün" - "Ich hätt' getanzt heut nacht" - "Weil ich weiß, in der Straße wohnst du"
"Bring mich pünktlich zum Altar" - "Ich bin gewöhnt an ihr Gesicht"

Mit 'nem kleenen Stückchen Glück

Der Herrjot schuf den Männerarm wie Eisen,
daß er im Schweiß schafft ohne Rast und Ruh';
der Herjot schuf den Männerarm wie Eisen - doch -
mit 'nem kleen' Stückchen Glück
schwitzt een andrer, und du kiekst nur zu!

Der Herrjot schuf den Schnaps nur zur Versuchung.
Die nied're Gier dient nur dem höh'ren Zweck;
der Herrjot schuf den Schnaps nur zur Versuchung - doch -
mit 'nem kleen' Stückchen Glück
spülste eenfach die Versuchung weg!

Es führt een enges Tor zur Tugend,
doch mit 'nem kleen' Stückchen Glück bist du zu dick.

Der Herr schuf Mann und Weib zum Zweck der Heirat,
denn warm gekocht wird nur im warmen Nest;
der Herr schuf Mann und Weib zum Zweck der Heirat - doch -
mit 'nem kleen' Stückchen Glück
nimmste alles mit und klebst nicht fest!

... mit nem kleenen Stückchen Schweineglück!

With a little bit of love

The Lord above gave man an arm of iron,
so he could do his job and never shirk.
The Lord above gave man an arm of iron - but -
With a little bit of luck
someone else'll do the blinkin' work!

The Lord above made liquor for temptation,
to see if man could turn away from sin.
The Lord above made liquor for temptation-but -
With a little bit of luck
when temptations comes, you'll give right in!

Oh, you can walk the straight and narrow;
but with a little bit of luck you'll run amuck!

The gentle sex was made for man to marry,
to share his nest and see his food is cooked!
The gentle sex was made for man to marry-but-
With a little bit of luck
you can have it all and not get hooked!

... with a little bit of bloomin' luck!

Moritat

Name: Klasse: Datum:

Die Moritat

Lange bevor es Fernseh-Krimis gab, kannte man "gar erschröckliche Geschichten", sogenannte **Moritaten**. Seit dem 17. Jahrhundert waren in ganz Europa die Moritatensänger bekannt und beliebt. Sie zogen wie Fahrende von Ort zu Ort und sangen auf Jahrmärkten, Marktplätzen oder an Straßenecken ihre Lieder. Es waren meist ungeheuere, schaurige und recht übertriebene Geschichten, die sich oft wirklich ereignet hatten. Räubereien, Mord- und Totschlag gab es zu allen Zeiten und genau das waren die Themen der **Bänkelsänger.**
Während des Gesangs zeigten sie mit einem langen Stab auf Bilder, die das grausige Geschehen illustrierten. Natürlich waren die Moritaten oft veraltet, wenn der Bänkelsänger endlich im letzten Ort seiner Rundreise anlangte. Doch das störte niemanden. Mit heimlichem Grausen lauschte man den schaurigen Geschichten.

Meistens endeten die Lieder mit einer Moralpredigt an die Zuhörer, so entstand der Begriff:
Moritat = Moralität

Der Sänger stellte sich bei seinem Auftritt auf eine kleine Bank, um gesehen zu werden, daher:
Bänkelsänger

Begleitinstrumente für die Lieder waren: **Leierkasten, Gitarre und Mandoline**

Verwandt mit der Moritat sind die sogenannten **"Küchenlieder"**. Man nennt sie so, weil sie häufig von einfachen Hausbediensteten während der Arbeit gesungen wurden. Oft waren es die Lieder der Bänkelsänger, die beim Kochen oder Bügeln in leicht abgewandelter Form, gesungen wurden. Der Text behandelte meist "Herz-Schmerz"-Themen mit unglaubwürdigem, flachem Inhalt, aber rührend, herzergreifend und tränenfördernd.

Aufgaben:

1. Die Moritaten verbreiteten zur damaligen Zeit Nachrichten (vergleichbar mit einer "lebendigen Zeitung"). Gibt es heute noch ähnliche Formen der Verbreitung?

   ____

2. Es gibt eine bestimmte Art von Zeitschriften oder Teile von Zeitungen, die im Stile der früheren Moritaten und Küchenlieder berichten:

   ____

3. Warum fand in früheren Zeiten die Übermittlung von Nachrichten in Liedern und Bildern statt?

   ____

Name: Klasse: Datum:

Die Moritat von Mackie Messer

Musik: Kurt Weill - Text: Bert Brecht

Der Dichter *Bert Brecht* und der Komponist **Kurt Weill** schrieben in den zwanziger Jahren ein Bühnenstück, das die Ungerechtigkeit und soziale Not ihrer Zeit anprangern sollte. Bei der Suche nach einem geeigneten Stoff stießen sie auf die *"Beggar's Opera"* ("Bettleroper"), die 1728 in London einen Riesenerfolg hatte.
Bert Brecht dichtete den Text des Stückes um, und Kurt Weill komponierte dazu eine völlig neue Musik. Die Uraufführung 1928 war ein großer Publikumserfolg.
Kurt Weill und Bert Brecht nannten ihr Stück **"Dreigroschenoper"**, weil der Eintrittspreis so billig war, dass selbst Bettler ihn bezahlen konnten.
In den einzelnen Liedern der "Dreigroschenoper" soll vor allem Kritik an den sozialen Zuständen geübt werden. Es sind Songs, die Elemente der Moritat, des Chansons und des Jazz enthalten. Die Musik und ihre Texte sollen schockieren und zum Mitdenken anregen.

Die Moritat von Mackie Messer steht am Anfang der "Dreigroschenoper".

Uraufführung, Berlin, 1928

Bert Brecht (1898-1956), geboren in Augsburg. Sein erster Erfolg war nach dem Ersten Weltkrieg das Heimkehrerdrama "Trommeln in der Nacht". Nach weiteren Stücken verließ er 1933 Deutschland. Finnland, Moskau und Santa Monica bei Hollywood waren weitere Stationen in seinem Leben. 1947 wurde er aus den Vereinigten Staaten ausgewiesen, flog in die Schweiz und ging von dort aus 1948 nach Ost-Berlin. Dort erhielt der Kommunist Bert Brecht sein eigenes Theater. Zu seinem Schaffen gehören neben der "Dreigroschenoper" die vielgespielten Werke *"Mutter Courage und ihre Kinder"*, *"Herr Puntila und sein Knecht Matti"*, *"Der gute Mensch von Sezuan"*, *"Der kaukasische Kreidekreis"* und *"Leben des Galilei"*. Seine Tantiemen aus dem westlichen Ausland ließ er sich in Dollar auf eine Schweizer Bank überweisen.

Bert Brecht

Der Inhalt der Dreigroschenoper:

Die Handlung spielt im viktorianischen Zeitalter in England. Das Ehepaar Peachum betreibt ein betrügerisches Geschäft, indem es "Bettler" ausstaffiert und ihnen "Arbeitsplätze" zuweist. Als Gegenleistung kassieren sie einen Teil der Einnahmen der Bettler.
Peachums Tochter Polly heiratet gegen den Willen ihrer Eltern Macheath, den Chef einer Verbrecherbande. Macheath ist mit dem Polizeichef Brown befreundet, der ihn schützt und dafür Bestechungsgelder kassiert.
Der Bettlerkönig Peachum will Macheath vernichten und verlangt deshalb von Brown die Verhaftung. Als Peachum droht, durch seine Bettler den bevorstehenden Krönungszug stören zu lassen, willigt Brown ein. Macheath wird ins Gefängnis geworfen. Unter dem Galgen wird er von der Königin begnadigt und erhält Schloss, Leibrente und Adel zugesprochen.

Kurt Weill

Kurt Weill (1900-1950), geboren in Dessau, studierte in Berlin, war Theaterkapellmeister in Lüdenscheid, Kompositionsschüler an der Berliner Akademie der Künste, erste Werke für die Bühne, später Orchesterwerke, Kammermusik, Klavierstücke, Bekanntschaft mit Bert Brecht, Emigration nach Frankreich, später nach Amerika, am 3. April 1950 in New York gestorben.

Name: Klasse: Datum:

Die Moritat von Mackie Messer

2. Ach, es sind des Haifischs Flossen
rot, wenn dieses Blut vergießt!
Mackie Messer trägt 'nen Handschuh
drauf man keine Untat liest.

3. An der Themse grünem Wasser
fallen plötzlich Leute um!
Es ist weder Pest noch Cholera,
doch es heißt: Macheath geht um.

4. An 'nem schönen blauen Sonntag
liegt ein toter Mann am Strand
und ein Mann geht um die Ecke,
den man Mackie Messer nennt.

5. Und Schmul Meier bleibt verschwunden
und so mancher reiche Mann
und sein Geld hat Mackie Messer,
dem man nichts beweisen kann.

6. Jenny Towler ward gefunden
mit 'nem Messer in der Brust
und am Kai geht Mackie Messer,
der von allem nichts gewußt.

7. Wo ist Alfons Glite, der Fuhrherr?
Kommt das je ans Sonnenlicht?
Wer es immer wissen könnte -
Mackie Messer weiß es nicht.

8. Und das große Feu'r in Soho,
sieben Kinder und ein Greis -
in der Menge Mackie Messer, den
man nicht fragt und der nichts weiß.

9. Und die minderjähr'ge Witwe,
deren Namen jeder weiß
wachte auf und war geschändet -
Mackie, welches war dein Preis?

Text: Bert Brecht
Musik: Kurt Weill
Aus: Dreigroschenoper. Universal Edition, Wien

Es war ein Schütz

2. Auf den Bergen ist die Freiheit,
auf den Bergen ist es schön,
doch auf so eine schlechte Weise
mußte Jennerwein zugrunde gehn!

3. Auf hartem Stein hat er sein Blut vergossen,
am Bauche liegend fand man ihn,
von hinten war er angeschossen,
zersplittert war sein Unterkinn.

4. Du feiger Jäger, das ist eine Schande,
du erwirbst dir wohl kein Ehrenkreuz,
er fiel mit dir nicht im offnen Kampfe,
weil's der Schuß von hint' beweist.

5. Man bracht' ihn dann noch auf den Wagen,
bei finstrer Nacht ging es noch fort,
begleitet von seinen Kameraden
nach Schliersee, seinem Lieblingsort.

6. Dort ruht er sanft, ja, wie ein jeder,
bis an den großen Jüngsten Tag,
dann zeigt uns Jennerwein den Jäger,
der ihn von hint' erschossen hat.

7. Und am großen Jüngsten Tage
putzt jeder sein Gewissen und 's Gewehr,
dann marschiern d' Jäger samt die Förster
aufs Gamsgebirg zum Luzifer.

8. Zum Schlusse Dank noch den Vetranen,
da ihr den Trauermarsch so schön gespielt,
Jäger, tut euch nur ermahnen,
daß keiner mehr von hinten zielt.

Am 6. November 1877 wurde Georg Jennerwein, ein Holzknecht aus Westerhofen bei Schliersee, von seinem Kriegskameraden, dem Jäger Pfederl, auf dem Peißenberg bei Tegernsee erschossen. Sein Grab ist in Westerhofen.

Herr Hadubrand

2. Einst traf er an ein Mägdulein und ging mit ihr Verlobung ein. Der Ritter war ein finstrer Mann, den niemand richtig leiden kann. „Mägdulein, sei nicht dump, laß ihn laufen, diesen Lump!"

3. Der Ritter hat in einer Nacht ihr ganz Vermögen umgebracht; doch dann verließ er sie sofort, obwohl er Treue ihr geschwort, ging er fort, ging er fort, obwohl Treue er geschwort.

4. Das Mägdlein seufzt und weinte sehr, so wie man heute weint nicht mehr. Sie stieg herab vom Ritterschloß, da strömt vorbei ein tiefer Floß. In den Floß, in den Floß, sich das arme Mägdlein schmoß.

5. Herr Hadubrand in seiner Kammer, er lag gerad im tiefsten Schlammer, da plötzlich trat um Punkt zwölf Uhr ein schreckliches Gespenst hervur, ein Gespenst, riesengroß: 's war das Fräulein aus dem Schloß!

6. Der Ritter zittert, und es grinst ihn an das schreckliche Gespinst. Schnell zog er über Kopf und Wanst die Bettdeck' vor dem Schreckgespanst. Das Gespanst, das Gespinst auf den Ritter blinzt und grinst.

7. Das Mägdlein kam nun jede Nacht, hat an dem Ritter sich geracht. Da half nicht Geld, nicht Zauberkunst, stets kam und heulte das Gespunst: „Hadubrand, Hadubrand, pfui, pfui, Teufel!" – und verschwand.

8. Gespensterspuk in Nacht und Graus hält selbst ein Rittersmann nicht aus. Und eines Tages in der Früh' lag tot er auf dem Kanapü. Und so ward, kaum vollbracht, furchtbarlich die Tat geracht.

Worte und Weise: Bearbeitung Erwin Lindner

Mariechen saß weinend im Garten

2. Der Geier steigt über die Berge. Die Möwe zieht stolz einher. So weht ein Wind von ferne, schon fallen die Tropfen schwer. Schwer von Mariens Wangen eine heiße Träne rinnt: Sie hält in ihren Armen ein kleines, schlummerndes Kind.
3. „Hier liegst du so ruhig von Sinnen, du armer, verlassener Wurm! Du träumst von künftigen Sorgen, die Bäume bewegt der Sturm. Dein Vater hat dich verlassen, dich und die Mutter dein; drum sind wir arme Waisen auf dieser Welt allein.
4. Dein Vater lebt herrlich, in Freuden; Gott laß es ihm wohl ergehn! Er gedenkt nicht an uns beide. Will mich und dich nicht sehn. Drum wollen wir uns beide hier stürzen in die See: Dann bleiben wir verborgen vor Kummer, Ach und Weh!"
5. Da öffnet das Kind die Augen, blickt freundlich sie an und lacht; die Mutter, vor Freuden sie weinet, drückt's an ihr Herz mit Macht. „Nein, nein, wir wollen leben, wir beide, du und ich! Dem Vater sei's vergeben: Wie glücklich machst du mich!"

Worte: Joseph Christian Freiherr von Zedwitz 1832
Weise: volkstümlich

Sabinchen war ein Frauenzimmer

3. Sein Geld hat er versoffen in Schnaps und auch in Bier. Da kam er zu Sabinchen geloffen und wollte welches von ihr.
4. Sie konnte ihm keins geben, da stahl er auf der Stell von ihrer guten Dienstherrschaft sechs silberne Blechlöffel.
5. Jedoch nach achtzehn Wochen, da kam der Diebstahl 'raus. Da jagte man mit Schimpf und Schande Sabinchen aus dem Haus.
6. Sie rief: „Verruchter Schuster, du rabenschwarzer Hund!" Da nahm er sein Rasiermesser und schnitt ihr ab den Schlund.
7. Das Blut zum Himmel spritzte, Sabinchen fiel gleich um. Der böse Schuster aus Treuenbrietzen, der stand um ihr herum.
8. In einem dunklen Keller, bei Wasser und bei Brot, da hat er endlich eingestanden die grausige Moritot.
9. Moral von der Geschichte: Trau keinem Schuster nicht! Der Krug, der geht so lange zum Wasser, bis daß der Henkel bricht.

Anmerkung: Die Strophen 3 bis 9 werden nach der Melodie von Strophe 2 gesungen.

Worte und Weise: mündlich überliefert

Lösungsblatt

Zu Seite 13 (Stationen des Jazz):

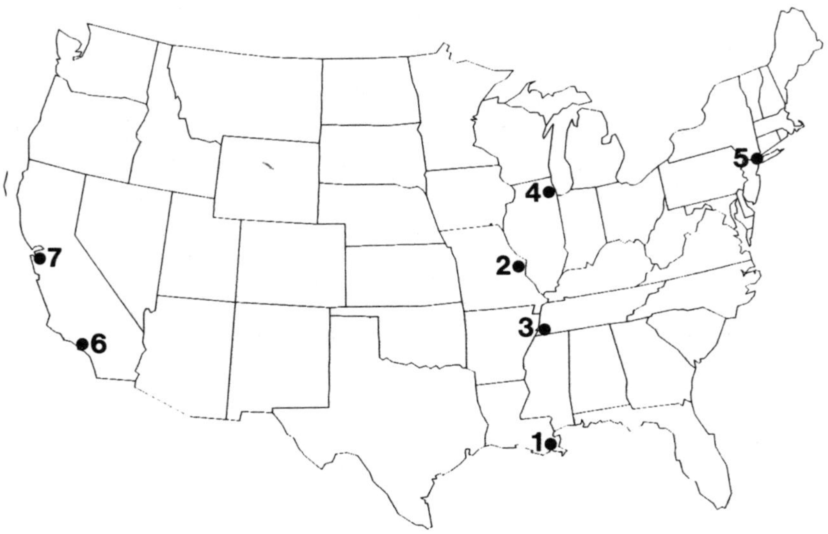

1 = New Orleans
2 = St. Louis
3 = Memphis
4 = Chicago
5 = New York
6 = Los Angeles
7 = San Francisco

Zu Seite 10 (Popmusik):

Der Protest richtet sich gegen die Erwachsenenwelt und damit gegen

1. *Vorschriften, "Etikette"*
2. *Tradition*
3. *Ordnung und Reglementierung*
4. *gesellschaftliche Normen*
5. *Leistungsdruck der Gesellschaft*

Erscheinungsformen der Protesthaltung:

1. *Kleidung*
2. *Haare (Punker, Popper)*
3. *Konsum von Drogen*
4. *Musik extrem hoher Lautstärken*
5. *Provokatives Verhalten auch oder gerade in der Öffentlichkeit*
6. *Missachtung von Tabus (z.B. Liebe)*

Möglichkeiten, sich diesen Einflüssen zu entziehen:

Offenbleiben für jede Art von Musik, Sensibilisierung gegenüber Kitsch und Schnulze, Kritikfähigkeit sich erhalten durch vielschichtige Informationen, gewisser Abstand zu kommerziellen Tendenzen.

Zu Seite 38 (Schlager und volkstümliche Musik):

Die Lieder dieser "Volksmusik" erinnern stark an *Schlagermusik.*

Die typischen Instrumente der *Volksmusik* fehlen.

Stattdessen werden Instrumente der *Popmusik* verwendet, wie *Schlagzeug, E-Gitarren, Keyboard, Synthesizer.*

Die Liedtexte handeln von *Liebe, Heimat, Natur, Urlaub, Berge, Meer.*

Anhänger dieser Musikart findet man vor allem in der *älteren* Generation.

Lösungsblatt

Zu Seite 55 (West Side Story):

Die weißen Jets (Düsenjäger)
Ihre Anführer sind *Riff* und *Tony.*

Die farbigen Sharks (Haie)
Ihr Anführer ist *Bernardo.*

Zu Seite 57 (West Side Story, Aufgabe Nr.2):

Jets	Sharks
Blues, Jazzrhythmus, Tony, Riff, Fingerschnalzen	*Südamerikan. Tanzrhythmus, Maria, Bernardo, Rumbarasseln, Anita, Chino*

Zu Seite 61 (My Fair Lady):

Elizas Welt	Higgin's Welt
Armut *keine Bildung* *bescheidene Wünsche* *gefühlvoll*	*Wohlstand* *hohe Bildung* *Eskapaden zum Zeitvertreib* *distanziert*

Zu Seite 64 (Die Moritat):

1. Die Moritaten verbreiteten zur damaligen Zeit Nachrichten (vergleichbar mit einer "lebendigen Zeitung"). Gibt es heute noch ähnliche Formen der Verbreitung?

   In Zeitungen, Zeitschriften

2. Es gibt eine bestimmte Art von Zeitschriften oder Teile von Zeitungen, die im Stile der früheren Moritaten und Küchenlieder berichten:

   Regenbogenpresse, "Yellow Press", Heftchen-Romane, Foto-Romane

3. Warum fand in früheren Zeiten die Übermittlung von Nachrichten in Liedern und Bildern statt?

   "Schnelle" Übermittlung von Nachrichten, Befriedigung von Sensationsgelüsten, Analphabetismus im Großteil der arbeitenden Bevölkerung

STUNDENBILDER für die SEKUNDARSTUFE

Musik

Karl-Hans Seyler

Populäre Musik (I)

● LEHRSKIZZEN ● TAFELBILDER ● FOLIENVORLAGEN
● ARBEITSBLÄTTER mit LÖSUNGEN

INHALTSVERZEICHNIS

STUNDENBILDER für die SEKUNDARSTUFE

Musik

Karl-Hans Seyler

Populäre Musik (II)

● LEHRSKIZZEN ● TAFELBILDER ● FOLIENVORLAGEN
● ARBEITSBLÄTTER mit LÖSUNGEN

INHALTSVERZEICHNIS

STUNDENBILDER für die SEKUNDARSTUFE

Musik

Karl-Hans Seyler

Musikgeschichte (I)

• LEHRSKIZZEN • TAFELBILDER • FOLIENVORLAGEN
• ARBEITSBLÄTTER mit LÖSUNGEN

Inhaltsverzeichnis

STUNDENBILDER für die SEKUNDARSTUFE

Musik

Karl-Hans Seyler

Musikgeschichte (II)

• LEHRSKIZZEN • TAFELBILDER • FOLIENVORLAGEN
• ARBEITSBLÄTTER mit LÖSUNGEN

Inhaltsverzeichnis